新能源汽车电机驱动系统检修

朱德乾　罗　杰　朱显明　**主　编**
梁其续　张　迪　**副主编**
王长建　**主　审**

上海交通大学出版社
SHANGHAI JIAO TONG UNIVERSITY PRESS

内容提要

本书为"新能源汽车系列"教材之一,主要介绍了新能源汽车电机驱动系统的基本原理、内部结构、维护与保养、检修基础知识、故障诊断与排除、检修操作规范等方面的知识。全书共分为 3 个项目、17个学习任务,主要内容包括新能源汽车电动机、新能源汽车电动机控制器、混合动力汽车逆变器总成的常见故障诊断与排除。本书为新形态教材,扫描书中对应章节的二维码,可获取相关微课视频及操作实验等内容。本书适合高职高专院校新能源汽车专业的学生使用,也可供新能源汽车维修技术人员参考。

图书在版编目(CIP)数据

新能源汽车电机驱动系统检修/朱德乾,罗杰,朱显明主编. —上海:上海交通大学出版社,2024.5
ISBN 978 - 7 - 313 - 28859 - 2

Ⅰ.①新… Ⅱ.①朱…②罗…③朱… Ⅲ.①新能源
-汽车-驱动机构-控制系统-车辆修理-高等职业教育
-教材 Ⅳ.①U469.703

中国国家版本馆 CIP 数据核字(2024)第 017646 号

新能源汽车电机驱动系统检修
XINNENGYUAN QICHE DIANJI QUDONG XITONG JIANXIU

主　　编:朱德乾　罗　杰　朱显明	
出版发行:上海交通大学出版社	地　　址:上海市番禺路 951 号
邮政编码:200030	电　　话:021 - 64071208
印　　制:上海景条印刷有限公司	经　　销:全国新华书店
开　　本:787mm×1092mm　1/16	印　　张:10.25
字　　数:223 千字	
版　　次:2024 年 5 月第 1 版	印　　次:2024 年 5 月第 1 次印刷
书　　号:ISBN 978 - 7 - 313 - 28859 - 2	电子书号:ISBN 978 - 7 - 89424 - 494 - 9
定　　价:58.00 元	

前　言

编写背景

党的二十大报告指出,坚持把发展经济的着力点放在实体经济上,推进新型工业化,加快建设制造强国、质量强国、航天强国、交通强国、网络强国、数字中国。实施产业基础再造工程和重大技术装备攻关工程,支持专精特新企业发展,推动制造业高端化、智能化、绿色化发展。

新能源汽车融合新能源、新材料和互联网、大数据、人工智能等多种变革性技术,促使汽车由单纯的交通工具向移动智能终端、储能单元以及数字空间转变,推动能源、交通、信息通信基础设施改造提升,有效促进能源消费结构优化、智能交通体系和智慧城市建设,具备极为广阔的市场前景和巨大的增长潜力。未来,伴随新能源汽车市场的快速增长,新能源汽车后市场将需要大量的售后服务人才。

本教材根据职业院校一体化教学以及"1+X"新能源汽车装调与测试技能证书培训的需要而编写,具有校企合作双元开发、课证融通等特色。学习任务的设计遵循职业院校学生的认知发展规律,从结构组成的认知开始,继而进行技术分析阐述对应的工作原理,最后完成实际操作任务,来培养学生的故障诊断及维修操作技能。

使用建议

"新能源汽车电机驱动系统检修"是新能源汽车检测与维修专业的核心课程,根据企业实践专家访谈会的代表性工作任务分析,并结合新能源汽车售后服务企业相关从业人员职业能力测评为基础来设计学习任务。该教材共设计了3个学习项目,分别是电动机常见故障诊断与排除、电动机控制器常见故障诊断与排除、混合动力汽车逆变器总成常见故障诊断与排除。

本教材适合中等和高等职业院校新能源汽车技术、新能源汽车检测与维修技术、汽车智能技术、汽车检测与维修技术等专业的学生使用。

由于编者水平有限,书中存在的错误和不足之处,敬请广大读者批评指正。

编　者
2023 年 7 月

目　　录

项目 **1** 电动机常见故障诊断与排除

⚡ 项目导入

项目名称	电动机常见故障诊断与排除				
姓名		班级		成绩	
组别		组长		场地	
日期		学时		指导教师	
项目描述	一辆纯电动新能源汽车无法行驶,客户反映仪表电动机故障报警灯点亮,要求更换电动机。 　　小明是一名新能源汽车维修工,今天接到班组长的派工单,要求在 2 个小时内完成电动机故障检修。 　　请你以小组合作的形式,通过阅读维修工单,明确任务要求,查阅维修手册,确定作业流程与技术标准,在规定工期内完成电动机缺相、过热、异响等问题的检查维修,使汽车恢复正常使用功能。在自检合格后,填写维修工单,并交付班组长进行质量检验。在工作过程中遵循现场工作规范。				
项目目标	(1)能阅读并规范填写维修工单,确认汽车状况并记录相关信息,明确新能源汽车电机检查维修的项目、内容和工期要求。 　　(2)能参照维修手册和前期获取的相关知识,根据厂家规定来制定新能源汽车电机检查维修作业流程,并进行作业前的准备工作。 　　(3)能按照新能源汽车电机检查维修作业方案,以小组合作的方式,在规定时间内完成电动机缺相、过热、异响等问题的检查维修,并填写检查维修记录。 　　(4)能根据企业三级检验制度并按行业竣工检验标准,对检查维修作业质量进行自检、组检和终检,在维修工单上填写质检结果并签字确认后,交付车辆。				

任务 1.1 电动机异响故障检修

任务描述

一辆特斯拉 Model 3 新能源汽车,该车配置交流异步电动机,客户反映车辆行驶时电动机发出了嗡嗡的响声。工程师经过初步检查,判断该驱动电动机内部轴承可能出现故障,请按规范进行检修。

任务目标

(1) 能说明交流异步电动机的结构组成及特点。

(2) 能解释交流异步电动机的工作原理。

(3) 能通过小组合作,参考维修手册标准,拆装、检修交流异步电动机。

知识链接

电动机异响的故障原因有定子绕组缺相,电动机负载过大、堵转或机械锁死,永磁体退磁等,常见处理方法有检查定子绕组电阻、动力线、车辆负载与机械结构、电动机空载电压等。

1.1.1　三相交流异步电动机结构

1. 定子与转子铁芯

三相交流异步电动机的定子铁芯由硅钢片叠成,在铁芯内圆中有许多槽,用来嵌放定子绕组。电动机的转子铁芯也由硅钢片叠成,在铁芯外圆中有许多槽,用来嵌放转子绕组。定子铁芯与转子铁芯之间留有气隙,如图 1-1 所示。

2. 定子绕组

定子铁芯固定在机座上,机座外面有散热片帮助定子散热,机座由铸铁或铸钢制造。定子铁芯在槽内嵌放着三相绕组,即定子绕组。三相绕组采用单层链式绕组,如图 1-2 所示。

图 1-1　三相交流异步电动机定子与转子　　　图 1-2　三相交流异步电动机定子绕组

3. 转子绕组

三相交流异步电动机按照转子结构分为鼠笼型异步电动机和绕线型异步电动机,如图 1-3 所示。

(a)　　　　　　　　　　　　　　　(b)

图 1-3　异步电动机分类

(a)鼠笼型异步电动机;(b)绕线型异步电动机

鼠笼型异步电动机转子铁芯上镶嵌着一个"鼠笼",它由多根铜条与两个铜端环组成,铜条与铜端环有良好的电连接,如图 1-4 所示。为增大磁导率,鼠笼被精心嵌入转子铁芯内,从而形成了铜制鼠笼转子,如图 1-5 所示。

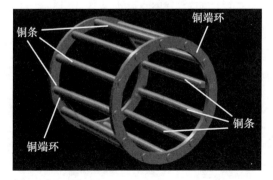

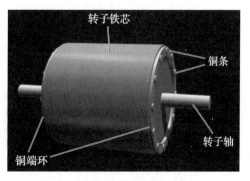

图 1-4　三相交流异步电动机的鼠笼　　　　图 1-5　三相交流异步电动机转子

应用最广的小型异步电动机采用的是在转子铁芯上直接浇铸熔化的铝液以形成鼠笼转子的方式,在转子槽内直接形成铝条(即绕组),并同时铸出用于散热的风叶,如图 1-6 所示。

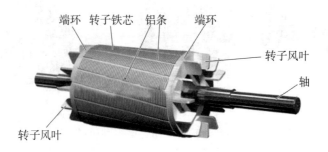

图 1-6　鼠笼型感应电动机的转子绕组

1.1.2　三相交流异步电动机工作原理

1. 定子绕组产生旋转磁场

交流异步电动机转子产生的电磁转矩源于定子的旋转磁场。定子的三相绕组是独立的,在实际应用中,三相绕组按照星形接法或三角形接法,如图 1-7 所示。当给定子芯绕组接通三相交流电时(见图 1-8),定子三相绕组便产生旋转磁场,如图 1-9 所示。

A、B、C 三相交流电分别输入 U、V、W 三相绕组。通过对几个特殊时刻电枢三相绕组形成磁场方向的变化情况进行分析,就可以理解定子绕组旋转磁场的形成原理。

当 $\omega t = 0°$ 时,$i_A = 0$,U 相绕组电流为 0;$i_B < 0$,V 相绕组电流方向为 V2 至 V1;$i_C > 0$,W 相绕组电流方向为 W1 至 W2。三相绕组产生合成磁场的方向如图 1-9(a)所示。

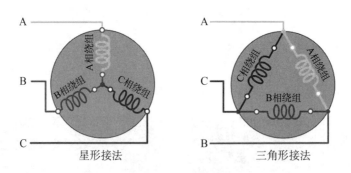

图 1-7　定子绕组的连接方式

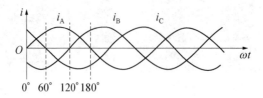

图 1-8　输入定子三相绕组的三相交流电波形

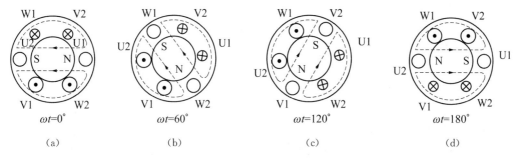

图 1-9　定子绕组产生的旋转磁场

当 $\omega t = 60°$ 时，$i_C = 0$，W 相绕组电流为 0；$i_B < 0$，V 相绕组电流方向为 V2 至 V1；$i_A > 0$，U 相绕组电流方向为 U1 至 U2。于是三相绕组产生合成磁场的方向如图 1-9(b) 所示。

当 $\omega t = 120°$ 时，$i_B = 0$，V 相绕组电流为 0；$i_C < 0$，W 相绕组电流方向为 W2 至 W1；$i_A > 0$，U 相绕组电流方向为 U1 至 U2。于是三相绕组产生合成磁场的方向如图 1-9(c) 所示。

当 $\omega t = 180°$ 时，$i_A = 0$，U 相绕组电流为 0；$i_C < 0$，W 相绕组电流方向为 W2 至 W1；$i_B > 0$，V 相绕组电流方向为 V1 至 V2。于是三相绕组产生合成磁场的方向如图 1-9(d) 所示。

当三相交流电持续输入定子绕组时，就会形成一个按顺时针方向转动的旋转磁场。通过电动机正反转来控制电路改变接入三相交流电的相序，就可以改变磁场旋转的方向，实现电动机的反转控制。

2. 转子异步转动

在定子绕组中通入三相对称电流时，定子内部会产生一个方向转速为 n_1 的旋转磁场。此时，转子导体与旋转磁场之间存在相对运动，转子的铜条通过切割磁力线而产生感应电动势。由于转子绕组是闭合的，于是在感应电动势的作用下，绕组内有电流流过。转子电流与旋转磁场相互作用，便在转子绕组中产生电磁力 F。该力对转轴形成了电磁转矩，使转子按旋转磁场方向转动。

转子是不可能与磁场同步旋转的，只有转子比磁场转得慢，才有转子与磁场的相对转动，才能切割磁力线产生感应电流，感应电流在洛伦兹力的作用下推动鼠笼转子异步旋转。转子与磁场转速之差称为转差。转差大则感应电流大，感应电流大则产生的电磁力大，电磁力大则增加鼠笼转速。转差与力之间形成平衡状态，转子的转速将稳定在某一特定的转差值。

由于转子的旋转速度 n 比旋转磁场转速 n_1 慢，故称之为异步电动机。通常把同步转速 n_1 与转子转速 n 两者之差称为转差，转差与同步转速 n_1 的比值称为转差率（也叫滑差率），用 s 表示，即 $s = \dfrac{(n_1 - n)}{n_1}$。

任务实施

小组合作拆检特斯拉交流异步电动机。

1. 任务准备

（1）安全防护装备：绝缘手套、安全警示标识等。

（2）车辆、台架：特斯拉纯电动汽车整车、特斯拉交流异步电动机实训台架。

（3）专用工具：新能源汽车绝缘拆装工具、世达150件套拆装工具。

2. 安全注意事项

（1）确定车辆及实训台架处于安全状态。

（2）遵守新能源汽车操作安全提示。

3. 任务实施过程

电动机检修的具体步骤及方法如表1-1所示。要求在教师的指导下，能说出具体使用的工具。

表1-1　电动机检修的步骤及实施方法

步　　骤	实 施 方 法
（1）拆卸热交换器	使用工具＿＿＿＿＿＿
（2）拆卸机油滤清器	使用工具＿＿＿＿＿＿

（续表）

步　　骤	实　施　方　法
（3）拆卸机油泵，检查滤网是否堵塞	 使用工具_____
（4）拆卸逆变器散热器，检查散热片是否积累大量灰尘	 使用工具_____
（5）拆卸逆变器总成	 使用工具_____
（6）拆卸旋变传感器	 使用工具_____

步　骤	实 施 方 法
（7）拆卸电机定子，检查三相绕组是否断路、短路、绝缘	 使用工具_____
（8）拆卸减速齿轮结构，检查轴承、轴承座、轴承垫片、齿轮是否良好	 使用工具_____

任务 1.2　电动机空载不能启动故障检修

 任务描述

一辆北汽 EV160 新能源汽车，车辆无法行驶，仪表盘上的 READY 指示灯不亮，动力电池高压断开报警灯、电动机故障报警灯点亮。经初步检查，可能是驱动电动机定子绕组故障，请按规范进行检修。

任务目标

（1）能说明永磁同步电动机的结构组成及特点。

（2）能解释永磁同步电动机的工作原理，并说明其与异步电动机的区别。

（3）能通过小组合作，参考维修手册标准，拆装、检修永磁同步电动机。

知识链接

目前的新能源汽车大部分采用永磁电动机，永磁电动机具有效率高、质量功率比大的特点。采用占空比控制的变频调速系统，使永磁电动机具有宽广的调速范围。

永磁同步电动机空载不能启动的故障原因有控制器未启动，定子绕组短路、断路、接地故障，三相动力线缺相，控制器未接收到旋变信号，电动机旋变传感器零位不准等。对应处理方法主要有检查控制器高压、低压供电和信号，检查定子电阻和绝缘、动力线接线和绝缘，检查旋变信号和自学习复检零位与重新校准。

1.2.1　永磁同步电动机

1. 永磁电动机分类

永磁电动机分为永磁无刷直流电动机（brushless direct current motor, BDCM）和永磁同步电动机（permanent magnet synchronous us motor, PMSM），这两种电动机的主要差异体现在它们电流波形的形态上。永磁无刷直流电动机的驱动电流具有矩形波形的特征，如图 1-10(a) 所示。永磁同步电动机的驱动电流呈现为正弦波形，如图 1-10(b) 所示。这两种永磁电动机在结构与工作原理上大致相同,其中转子都是永久磁铁,定子为三相绕组线圈,并都通过输入对称的交流电来产生转矩。

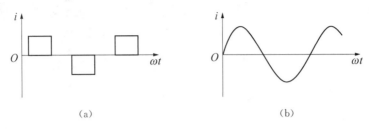

图 1-10　永磁电动机电流波波形
(a)矩形脉冲波电流;(b)正弦波电流

2. 永磁同步电动机结构

三相永磁同步电动机由定子和转子两个基本部分组成。

1)定子

定子由铁芯和绕组构成,用于产生同步旋转磁场,如图 1-11 所示。向三相定子绕组通入对称三相交流电后,会产生一个以同步转速沿定子和转子内圆空间旋转的旋转磁场。三相永磁同步电动机与三相交流异步电动机的定子在结构上区别不大。

2)转子

转子主要由永久磁铁、转子铁芯和转轴构成,如图 1-12 所示。

按永久磁铁在永磁电动机上的布置,可以将永磁电动机分为内部永磁型、表面永磁型和镶嵌式永磁型 3 种结构形式。将永磁磁极按 N 极和 S 极顺序排列,组成永磁电动机的磁性转子。

根据排列方式不同,永磁同步电动机的转子结构分为径向式、切向式、U 型混合式、V 型径向式,如图 1-13 所示。

图 1-11　永磁同步电动机定子

图 1-12　永磁同步电动机转子

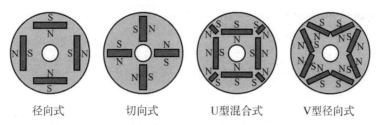

| 径向式 | 切向式 | U型混合式 | V型径向式 |

图 1-13　永磁电动机磁路结构形式

3）永磁同步电动机工作原理

与三相交流异步电动机一样，当定子绕组输入三相正弦交流电时，永磁同步电动机会产生一个旋转磁场，该磁场与转子的永磁体磁场相互作用，使转子产生电磁转矩，并随着定子的旋转磁场转动。由于转子的转动与旋转磁场同步，故称为同步电动机。

（1）转子磁极数量。

一般感应电动机的磁极数量增多之后，电动机在同样的转速下，工作频率随之增加，定子的铜耗和铁耗也相应增加，导致功率系数急剧下降。

永磁电动机的气隙直径和有效长度取决于电动机的额定转矩、气隙磁通密度、定子绕组的电流密度等参数的变化。气隙磁通密度主要受磁性材料的磁性限制，因此需要采用磁能密度高的磁性材料。另外，在气隙磁通密度相同的条件下，增加磁极的数量，可以减小电动机磁极的横截面面积，从而使电动机转子的铁芯直径减小。永磁电动机的转子磁极一般分为二级、四级、六级，如图 1-14 所示。

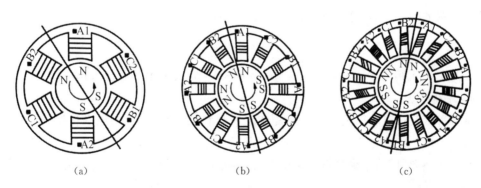

| （a） | （b） | （c） |

图 1-14　永磁电动机转子磁极

(a)二级永磁转子；(b)四级永磁转子；(c)六级永磁转子

（2）永磁材料。

钕-铁-硼(Nd-Fe-B)稀土合金是目前最理想的一种永磁材料，它的磁能密度高，有较高的剩磁和矫顽力，还具有较好的力学性能。但是，该材料在高温时的磁性会发生不可逆转的急速衰退，以致完全失去磁性。因此，使用钕-铁-硼稀土合金永磁材料制成的永磁电动机的工作温度必须控制在 150℃ 以下，一般需要对电动机采取强制冷却措施。

1.2.2 电动机性能参数标识

1. 额定功率

电动机的额定功率是指在额定运行状态下，转轴输出的机械功率，用符号"P"表示，单位用"kW"表示，$P=1.732 \times U \times I \times \cos\phi$。输出功率与输入功率不等，其差值等于电动机本身的损耗功率，包括铜损、铁损及机械损耗等。所谓效率 η 就是输出功率与输入功率的比值。鼠笼式电动机在额定运行时的效率一般为 $72\% \sim 93\%$。

2. 功率因数

因为电动机是电感性负载，定子相电流比相电压滞后一个 ϕ 角，$\cos\phi$ 就是电动机的功率因数。电动机的功率因数不是一个定数，它与制造质量有关，还与负载率的大小有关。为了节约电能，国家强制要求电动机产品提高功率因数，由原来的 $0.7 \sim 0.8$ 提高到了现在的 $0.85 \sim 0.95$。

3. 额定电流

电动机在额定电压和额定频率下，输出额定功率时，定子绕组的三相线电流称为额定电流。当电动机空载时，转子转速接近于旋转磁场的转速，两者之间相对转速很小，所以转子电流近似为零，这时定子电流几乎全为建立旋转磁场的励磁电流。当输出功率增大时，转子电流和定子电流都随之相应增大。

4. 额定转速

铭牌上的转速是指电动机在额定状态下的转速，用符号"n"表示，单位为"转/分"。

5. 额定转矩

电动机的额定转矩由额定功率和额定转速确定，其公式如下：

$$M_e = 9\,550 P_e / n$$

式中，M_e 为额定转矩（N·m）；P_e 为额定功率（kW）；n 为额定转速（r/min）。

6. 绝缘等级

绝缘等级是指电动机定子绕组所用的绝缘材料的等级，它表明电动机所允许的最高工作温度。由于绝缘材料的寿命随温度的升高而呈指数下降，当电动机最高温度超过绝缘材料的耐热温度时，绝缘材料热老化加剧，耐电压强度降低，易发生电击穿和热击穿，电动机寿命显著缩短。

汽车电动机一般选用的绝缘耐热等级为 H 级，H 级绝缘耐热温度为 180℃。国家标准：电动机定子绕组对机壳的冷态绝缘电阻值应大于 20 MΩ。

🏠 任务实施

小组合作拆检北汽 EV160 新能源汽车的永磁同步电动机。

视频：拆装永磁同步电动机

1. 任务准备

（1）安全防护装备：绝缘手套、安全警示标识等。

（2）车辆、台架：北汽 EV160 纯电动汽车整车、北汽 EV160 永磁同步电动机实训台架。

（3）专用工具：新能源汽车绝缘拆装工具、世达 150 件套拆装工具、兆欧表。

2. 安全注意事项

（1）确定车辆及实训台架处于安全状态。

（2）遵守新能源汽车操作安全提示。

3. 任务实施过程

检修的具体步骤及方法如表 1-2 所示。在教师的指导下，能说出实施方法中具体使用的工具。

表 1-2　检修永磁同步电动机的步骤与方法

步　骤	实　施　方　法
（1）拆卸差速器后端盖	使用工具＿＿＿＿
（2）取下差速器及减速齿轮，检查轴承、轴承座、轴承垫片、齿轮是否良好	
（3）拆卸差速器前端盖	使用工具＿＿＿＿

（续表）

步　骤	实 施 方 法
（4）拆卸电机转子后端固定端盖	 使用工具_____ 注意:不要拆卸内侧的内六角固定螺栓,以免影响转子永久磁铁轴承的固定
（5）拆卸 U/V/W 高压线	 使用工具_____ 注意:选择合适的梅花内六角扳手进行拆卸
（6）拆卸旋变传感器	 使用工具_____

（续表）

步　骤	实 施 方 法
（7）拆卸电机永久磁铁转子，检查定子与转子之间是否存在摩擦	 使用橡胶锤敲击外壳，并取出永久磁铁转子
（8）检查定子绕组是否存在断路、短路、绝缘等现象	 电动机定子 定子三相绕组之间的电阻为_____ 定子三相绕组绝缘的电阻为_____

任务 1.3 电动机缺相故障检修

 任务描述

一辆北汽 EV160 新能源汽车，车辆无法行驶，仪表盘中的 READY 指示灯不亮、动力电池高压断开报警灯、电动机故障报警灯点亮。初步检查，可能是驱动电动机旋变传感器故障，请按规范进行检修。

任务目标

（1）能说明电动机转速与转矩的控制策略。

（2）能说明电动机旋变传感器的作用，并解释其工作原理。

（3）能通过小组合作，参考维修手册标准，诊断并排除电动机旋变传感器故障。

知识链接

新能源汽车电动机缺相的原因有电动机定子绕组断路故障、电动机旋变传感器故障、逆变器功率驱动模块故障、逆变器电流传感器故障等。对应处理方法是检查电动机、电动机旋变传感器、逆变器内部功率驱动模块及驱动电路、逆变器 U/V/W 电流传感器。

1.3.1 电动机转速与转矩控制

与传统汽油发动机不同，电动机没有怠速，即使车辆由静止到起步的临界状态，电动机也可以产生最大的驱动扭矩。当三相交流电输入定子线圈中时，即产生了旋转磁场，这个旋转的磁场牵引转子内部的永磁体，产生与旋转磁场同步的旋转扭矩。

电动机控制器控制电动机的转速和转矩，需要使用旋变传感器检测转子的当前位置，从而控制电机正确换向；需要利用旋变传感器信号判断电动机的当前转速，从而进行转速控制；需要电流传感器检测线圈的电流，从而控制驱动电动机的扭矩输出，使电动机在低速或者爬坡时能够提供低速大转矩输出；同时需要具有宽调速范围，在较宽的转速范围内有恒功率特性。纯电动汽车电动机理想特性曲线如图 1-15 所示。

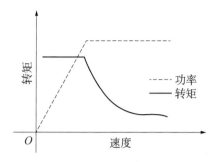

图 1-15　纯电动汽车电动机的理想特性曲线

1. 电动机的转速控制

异步电动机的定子绕组接通三相电源后,由于三相电源的相与相之间的电流在相位上相差120°,而且定子三相绕组在空间方位上也相差120°,这样定子绕组就会产生一个旋转磁场。定子绕组产生旋转磁场后,转子导条(笼条或绕组)将切割旋转磁场的磁力线而产生感应电流,进而产生转子感应磁场。结合楞次定律可知,转子会跟着定子旋转磁场同方向转动,并且转子的转速低于定子旋转磁场转速的2%～5%。因此,只要控制定子旋转磁场的转速,就能控制电动机的转速。

永磁同步电动机的转子磁场与定子旋转磁场无关,它是永久磁铁自生的磁场。因此,转子的旋转不受楞次定律限制,只是依据同性相斥、异性相吸的原理相互作用,转子转速与定子磁场完全一致。因此,永磁同步电动机与交流异步电动机一样,只要控制定子旋转磁场的转速,就能同时控制电动机的转速。

定子旋转磁场的转速与电源频率和磁极对数有关,交流异步电动机转速 $n = (1-s) \cdot 60f/P$,永磁同步电动机转速 $n = 60f/P$。其中,n 为定子旋转磁场的转速(r/min);f 为电源频率(9Hz);P 为磁场的磁极对数;s 为磁场转速与转子转速之间的转速差(2%～5%)。

控制交流异步电动机与永磁同步电动机的转速一样,都有两种方法:变磁极法和变频法。变磁极法是通过改变电机的磁极对数来改变转速的;变频法是通过改变电源频率来改变转速的。当前的新能源汽车都是通过调节电源频率来实现对交流电动机转速的控制,在这个过程中必须利用电动机旋变传感器信号时刻监控电动机转速。

2. 电动机的转矩控制

1) 矢量控制

交流异步电动机矢量控制技术的基本原理是通过测量和控制异步电动机定子的电流矢量,根据磁场定向原理分别对异步电动机的励磁电流和转矩电流进行控制,从而达到控制异步电动机转矩的目的。矢量控制需要配置电动机的位置传感器和电流传感器,其控制系统原理如图 1-16 所示。

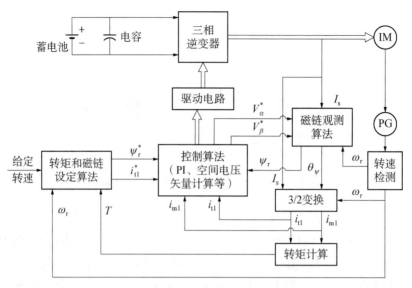

图 1-16　基于定子磁场的定向矢量控制原理

2）直接转矩控制

直接转矩控制是以转矩为中心来进行综合控制的,不仅控制转矩,也用于磁链量的控制和磁链自控制。控制系统主要由磁链调节器、转矩调节器、磁链和转矩观测器、转速调节器组成。控制系统原理如图 1-17 所示。

直接转矩控制是指在定子坐标系下,通过检测电动机定子电压和电流,采用空间矢量理论计算电动机的转矩和磁链,并根据与给定值比较得到的差值,实现转矩和磁链的直接控制。其工作过程如下:

（1）通过相关传感器获得定子电流和电压的 $\alpha - \beta$ 分量信号。

（2）传感器的信号输入磁链观测器和转矩观测器,计算得到定子磁链和转矩的实际值 ψ_f、M_f。

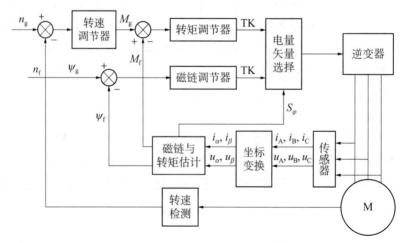

图 1-17　交流异步电动机直接转矩控制原理

（3）将定子磁链的实际值 ψ_f 与给定值 ψ_g 通过滞环比较器进行比较，并输入磁链调节器实现磁链的自控值。

（4）将转速测量值 n_f 与给定值 n_g 进行比较，通过转速调节器获得转矩给定值 M_g，再将转矩给定值 M_g 和实际值 M_f 输入转矩调节器，实现转矩的自控值。

1.3.2　电动机位置传感器工作原理

目前，新能源汽车电动机位置信号传感器主要有两种类型：霍尔式位置传感器和旋变传感器。

1. 霍尔式位置传感器

霍尔式位置传感器以霍尔效应为其工作基础，一般是由霍尔元件和它的附属电路组成的集成传感器。永磁同步电动机转子为永久磁铁，三个霍尔元件 A、B、C 安装在定子上，如图 1-18 所示。当转子转动时，磁场强度发生变化，开关型霍尔传感器产生通断信号，其输出波形如图 1-19 所示。

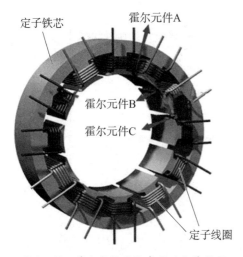

图 1-18　霍尔式位置传感器的安装位置

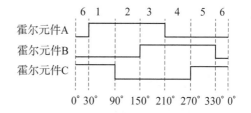

图 1-19　霍尔式位置传感器输出波形

2. 旋变传感器

1）旋变传感器结构与工作原理

旋变传感器是一种输出电压随转子转角变化的信号元件。新能源汽车电动机旋变传感器结构上分为线圈和信号齿圈两个部分。信号齿圈固定在转子上，与驱动电动机转子同轴连接，随电动机转轴旋转，如图 1-20 所示。

旋变传感器定子包括 1 个励磁线圈和 2 个检测线圈。励磁线圈外加预定频率的交流励磁电压后，转子随电机同步旋转。因为转子为椭圆形，使定子与转子之间的间隙发生改变，磁耦合就会发生改变，检测线圈 S 和 C 输出与传感器转子位置相对应的交流电，其电压幅值与转子转角成正弦、余弦函数。旋变传感器的励磁波形如图 1-21 所示。

电动机控制器根据检测线圈 S 和 C 的相位及其波形的高度,检测转子的绝对位置。此外,电动机控制器计算预定时长内位置的变化量,从而将传感器作为转速传感器使用。电动机控制器还监测电动机旋变传感器的输出信号,并检测故障。

图 1-20　旋变传感器结构

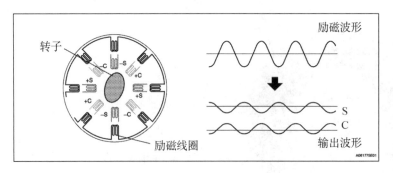

图 1-21　旋变传感器的励磁波形

　　2)旋变传感器解码芯片

　　在旋变解码方案中,常规的做法是选择专用的 RDC 芯片来对旋转变压器输出的模拟信号进行解码。旋变-数字转换芯片(resolver-to-digital converter,RDC),又称轴角-数字转换器,这是一类专为旋转变压器而设计的模数转换芯片。它可以将旋转变压器输出的正比旋转轴角度的正弦值和余弦值的电信号,转换成对应旋转角度和角速度的数字输出。

　　电机控制器旋变解码常用芯片有美国 ADI 公司推出的 AD2S80、AD2S83、AD2S90、AD2S1200、AD2S1205,日本多摩川公司的 AU6802、AU680 以及德州仪器公司的 PGA411 等。此类 RDC 芯片能够直接与旋转变压器相连接,从硬件上直接对旋转变压器输出的模拟信号进行解码,并输出相应的轴角位置和转速信息。

1.3.3　电动机旋变传感器检修

1. 旋变传感器电路

　　(1)北汽 EV160 电动机的旋变传感器电路如图 1-22 所示。

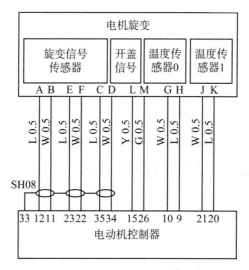

图1-22　北汽EV160电动机旋变传感器电路

（2）比亚迪E5电动机旋变传感器电路如图1-23所示。

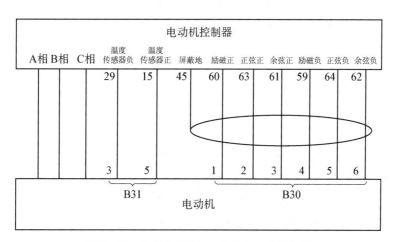

图1-23　比亚迪E5电动机旋变传感器电路

（3）丰田卡罗拉混合动力汽车的电动机旋变传感器电路如图1-24所示。

2.　旋变传感器检修

旋变传感器若出现故障，一般分为两种情况：一种是旋变传感器本身故障；另一种是控制器旋变解码电路故障。不管哪一种故障，都将导致电动机系统无法启动或转矩输出偏小。

1）检查励磁绕组的电压

打开点火开关ON挡，测量插件端应有3～3.5 V的交流电压。

提示：如果励磁绕组没有交流工作电源，通常是因为控制器旋变解码芯片故障。

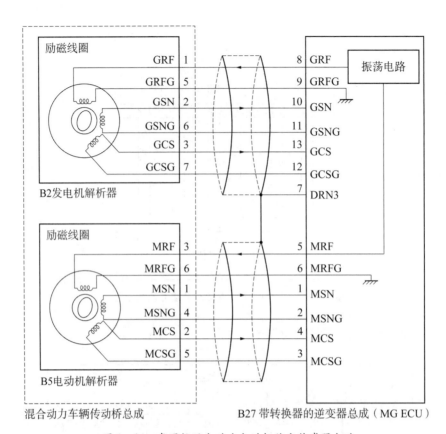

图 1-24　卡罗拉混合动力电动机旋变传感器电路

2）检查线圈的电阻值

使用万用表测量电动机旋变传感器的阻值,正确的线圈阻值如下:

(1) 正弦绕组阻值:拔下插件,测量传感器端子的电阻应有(60±10)Ω。

(2) 余弦绕组阻值:拔下插件,测量传感器端子的电阻应有(60±10)Ω。

(3) 励磁绕组阻值:拔下插件,测量传感器端子的电阻应有(30±10)Ω。

若线圈的阻值超出正常范围,须更换旋变传感器;若阻值正常,则可能是控制器内部旋变解码电路故障,须更换控制器主控板。

3. 旋变传感器零位校正

(1) 用一个直流电源,给电机的 U/V 绕组输入小于额定电流的直流电,U 入 V 出,将电机轴定向至一个平衡位置。

(2) 用示波器观察绝对编码器的最高计数位电平信号。

(3) 调整编码器转轴与电机轴的相对位置。

(4) 一边调整,一边观察最高计数位信号的跳变沿,直到跳变沿准确出现在电机轴的定向平衡位置处,锁定编码器与电机的相对位置关系即可确定。

(5) 来回扭转电机轴,停止后,若电机轴每次自由恢复到平衡位置时,跳变沿都能准确复现，则调零有效。

 任务实施

小组合作检测旋变传感器。

1. 任务准备

（1）安全防护装备：绝缘手套、安全警示标识等。

（2）车辆、台架：北汽 EV160 纯电动汽车整车、北汽 EV160 永磁
同步电动机实训台架。

视频：检修电机旋
变传感器

（3）专用工具：数字式万用表、示波器。

2. 安全注意事项

（1）确定车辆及实训台架处于安全状态。

（2）遵守新能源汽车操作安全提示。

3. 任务实施过程

检修的具体步骤及方法如表 1-3 所示。

表 1-3　旋变传感器的检测步骤及方法

步　骤	实　施　方　法
（1）检测旋变传感器线圈的电阻	① 励磁绕组线圈电阻为_____Ω ② 正弦绕组线圈电阻为_____Ω ③ 余弦绕组线圈电阻为_____Ω
（2）检测旋变传感器线束到电机控制器之间是否存在断路、对地短路等问题	① 断路检查 检查情况_____ ② 短路检查 检查情况_____
（3）检测旋变传感器励磁线圈电压是否正常	① 打开点火开关 ② 电机控制 MCU 正常应输出交流电压 ③ 测量数值为_____V 注意：万用表选择交流电压挡位

（续表）

步　　骤	实 施 方 法
（4）测量旋变传感器检测线圈 　　电压	① 打开点火开关 ② 检测线圈输出正弦和余弦交流电压 ③ 测量数值分别为_____V、_____V 注意：万用表选择交流电压挡位
（5）检测旋变传感器检测线圈的 　　输出是否为正弦、余弦的 　　波形	① 打开点火开关 ② 检测线圈输出波形 ③ 波形是否为正弦、余弦波形

任务 1.4　电动机过热故障检修

 任务描述

一辆北汽 EV160 新能源汽车，车辆无法行驶，仪表盘中的 READY 指示灯不亮，电动机过热报警灯点亮。初步检查，可能是驱动电动机冷却系统或电动机内部故障，请按规范进行检修。

任务目标

（1）能说明电动机过热故障原因，并独立制订检修计划。
（2）能通过小组合作，参考维修手册标准，排除电动机过热故障。

知识链接

1.4.1　电动机故障模式分析

1. 损坏型故障模式

损坏型故障模式主要如下：

断裂：具有有限面积的几何表面分离，发生位置如控制器的壳体、电动机机座、端盖等。

碎裂：零部件变成许多不规则形状的碎块，发生位置如轴承、转子花键等。

裂纹：在零部件表面或内部产生的微小裂纹，发生位置如控制器的壳体、电动机机座、端盖等。

开裂：焊接处、钣金件、非金属件产生的可见裂纹，发生位置如绝缘板、接线板、电缆线等。

烧蚀：零部件表面因局部熔化而发生损坏，发生位置如熔断器。

击穿：绝缘体丧失绝缘性，出现放电现象造成损坏，发生对象如电动机绕组、电容、功率器件等。

变形：零部件在外力作用下改变原有的形状，如电动机转轴的弯曲或扭转变形等。

烧损:由于运行温度超过零部件的允许温度,且持续一定时间,造成全部或部分功能失效,发生位置如定子绕组、功率器件、电容等。

磨损:由于摩擦使相互配合零件表面磨蚀严重而影响该零部件正常工作的物理现象。

短路:电路中不同电位之间由于绝缘损坏发生线路短路。

2. 退化型故障模式

退化型故障模式主要如下:

老化:非金属零部件随使用时间的增长或周围环境的影响出现性能衰退的现象,如绝缘板、密封垫、密封圈等的老化。

剥离:金属、非金属或油漆层以薄片状与原表面分离的现象。

腐蚀:外壳、电连接器、电路板的氧化或锈蚀等。

退磁:永久磁体在使用过程中,很容易受到外部磁场的干扰,进而产生退磁现象。

3. 松脱型故障模式

松脱型故障模式主要如下:

松动:连接件丧失应有的紧固力或过盈失效,如连接螺栓、轴承、转子铁芯等。

脱落:连接件丧失连接而造成零部件分离的现象,如悬挂点的连接。

4. 失调型故障模式

失调型故障模式主要如下:

间隙超差:触电间隙或配合间隙超出规定值而影响功能的现象,如接触器、轴承的间隙超差。

干涉:运动部件之间发生相互碰撞或不正常摩擦的现象,如定子与转子之间的干涉。

性能失调:关键输出量不稳定,如输出转矩、转速的震荡不稳定。

5. 堵塞与渗漏型故障模式

堵塞与渗漏型故障模式主要如下:

堵塞:在管路中流体流动不畅或不能流动的现象,如电动机和控制器冷却管路。

漏液:在密封的管路中,有液体成滴流出的现象。

6. 性能衰退或功能失效型故障模式

性能衰退或功能失效型故障模式主要如下:

性能衰退:在规定的行驶里程或使用寿命内,电动机及控制器的性能低于技术条件规定的指标,如最大输出转矩、功率出现明显下降,从而造成整车动力性能的下降。

功能失效:由于某一局部故障导致电动机或控制器某些功能完全丧失的现象。

异响:电动机、控制器工作时发出非正常的声响。

过热:电动机、控制器的整体或局部的温度超过规定值。

1.4.2　电动机过热故障分析

电动机过热的常见原因:电源电压过高或过低,定子相间短路,三相电源或定子绕组其中的一相断路,过载,周围环境温度过高或通风不畅。电动机常见过热故障的处理方法如表 1-4 所示。

表 1-4 电动机常见过热故障处理方法

故障原因	处理方法
冷却不良(流量不足、水道堵塞、冷却液高温)	检查冷却系统流量、温度、风扇以及水泵的工作情况
长时间过载	停车降温
定转子相擦	检查电动机是否有异响,更换电动机
旋变零位偏移(与电控程序不符),造成电流过大	重新校验零位,调节零位至标准值
电源电压过高:当电源电压过高时,电动机反电动势、磁通及磁通密度均随之增大。由于铁损耗的大小与磁通密度平方成正比,则铁损耗增加,导致铁心过热。而磁通增加,又致使励磁电流分量急剧增加,造成定子绕组铜损增大,使绕组过热。因此,电源电压超过电动机的额定电压时,会使电动机过热	检查电动机控制器
电源电压过低:电源电压过低时,若电动机的电磁转矩保持不变,磁通将降低,转子电流相应增大,定子电流中负载电源分量随之增加,造成绕线的铜损耗增大,致使定子、转子绕组过热	
电源电压不对称,三相电源不对称	
电动机绕组断路:当电动机绕组中有一相绕组断路,或并联支路中有一条支路断路时,都将导致三相电流不平衡,使电动机过热	检修电动机
电动机绕组短路:当电动机绕组出现短路故障时,短路电流比正常工作电流大得多,使绕组铜损耗增加,导致绕组过热,甚至烧毁	
当电动机出现轴弯曲、装配不好、轴承异常等问题时,均会使电动机电流增大,铜损耗及机械摩擦损耗增加,使电动机过热	

1.4.3 电动机温度检测

电动机在运行过程中产生的热对电动机的电气和力学等特性都有着重要影响。当温度上升到一定程度时,电动机的绝缘材料会发生本质上的变化,最终使其失去绝缘能力。同时,随着电动机温度的升高,电动机中的金属构件强度和硬度也会逐渐下降。由电子元器件构成的控制器,同样会由于温度过高而导致电子器件的性能下降,如过高温度会导致半导体结点、电路损害、电阻增加,甚至烧坏元器件。有些永磁材料在高温作用下,会发生磁性衰退现象,电动机需要采取冷却方式来控制温度在150℃以下。

　　电动机温度传感器为负温度系数热敏电阻,其电阻随温度的升高而降低。电动机控制器能对自身温度、电动机的运行温度、转子位置进行实时监测,并把相关信息传递给整车控制器,进而调节水泵和冷却风扇工作,使电动机保持在理想温度下工作。

　　(1) 北汽EV160电动机温度传感器电路如图1-25所示。

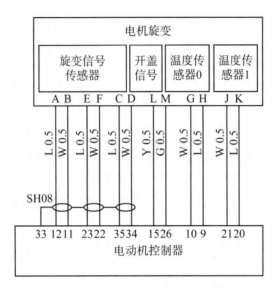

图1-25　北汽EV160电动机温度传感器电路

　　(2) 吉利帝豪EV电动机温度传感器电路如图1-26所示。

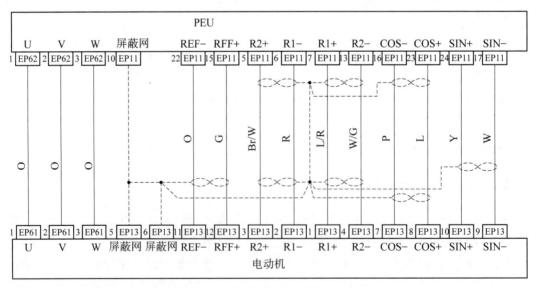

图1-26　吉利帝豪EV电动机温度传感器电路

（3）比亚迪 E5 电动机温度传感器电路如图 1-27 所示。

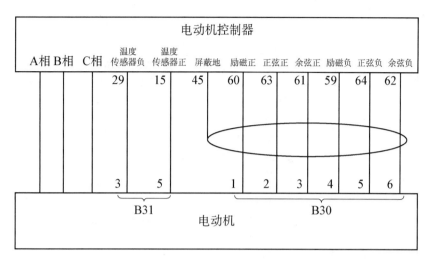

图 1-27   比亚迪 E5 电动机温度传感器电路

任务实施

小组合作检测电动机过热故障。

1. 任务准备

（1）安全防护装备：绝缘手套、安全警示标识等。

（2）车辆、台架：北汽 EV160 纯电动汽车整车、北汽 EV160 永磁同步电动机实训台架。

（3）专用工具：世达 150 件套拆装工具、数字式万用表。

2. 安全注意事项

（1）确定车辆及实训台架处于安全状态。

（2）遵守新能源汽车操作安全提示。

3. 任务实施过程

检修操作如表 1-5 所示，按步骤操作并完成任务作业。

表 1-5   检测电动机过热故障的具体步骤

步　骤	实 施 方 法
（1）检查电动机冷却系统	① 操作启动开关，使电源模式处于 OFF 状态 ② 检查冷却管路是否存在老化、变形、渗漏等现象 ③ 确认水箱、管路无水垢及堵塞现象，确认水泵是否正常工作 检查情况_____

（续表）

步　　骤	实　施　方　法
（2）检查电动机线束连接器	① 操作启动开关，使电源模式处于 OFF 状态 ② 检查电动机低压线束连接器是否插接牢固、无松脱 ③ 检查电动机高压线束连接器是否插接牢固、无松脱 检查情况_____
（3）检查驱动电动机三相线束固定螺栓的紧固力矩	① 操作启动开关，使电源模式处于 OFF 状态 ② 断开蓄电池负极电缆 ③ 拆卸维修开关 ④ 检查三相线固定螺栓的紧固力矩（电动机控制器侧）是否符合标准 ⑤ 检查三相线固定螺栓的紧固力矩（电动机侧）是否符合标准 检查情况_____
（4）检查电动机	① 拆卸电动机 ② 使用清洗剂清洗冷却水道 ③ 检查电动机转子，要求铁芯外径无鼓起、无破损、无剐蹭 ④ 对转子进行动平衡测试，若超出规定值，则需重新标定动平衡的量 ⑤ 使用吸尘器清理定子灰尘，要求定子内圆无破损、无剐蹭，定子绝缘漆无脆裂 ⑥ 检查定子电阻是否符合标准 ⑦ 检查旋变传感器电阻是否符合标准 检查情况_____

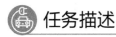 **1.5** 驱动桥故障检修

任务描述

一辆 2018 款丰田卡罗拉混合动力汽车,客户反馈在倒车时变速器发出异响,同时仪表显示屏显示动力系统出现故障。经维修人员初步检查后,判断可能是驱动桥内部行星齿轮出现故障,请按规范进行检修。

任务目标

(1)能掌握卡罗拉 P410 驱动桥的结构,解释 MG1/MG2 的动力分配工作过程。

(2)能查阅维修手册,分析故障码含义,独立制订检修计划。

(3)能通过小组合作,参考维修手册标准,拆装、检修驱动桥。

知识链接

驱动桥故障的可能原因包括:①主减速器早期损坏,主要有齿轮副早期磨损、轮齿断裂、主动齿轮轴承早期损坏等原因;②轴承间隙过小或过大时,都会发出异响,这时应该拆下主传动机构重新调整轴承间隙;③差速器行星齿轮与行星齿轮轴之间润滑不良,导致行星齿轮轴磨损并剪断,由此可能引起后桥打齿的严重事故。

1.5.1 卡罗拉 P410 驱动桥结构

卡罗拉 P410 驱动桥总成主要包括 2 号电动机发电机(MG2)、1 号电动机发电机(MG1)和采用带行星齿轮装置的无级变速器装置。发动机、MG1、MG2 通过行星齿轮装置实现机械连接,如图 1 - 28 所示。

1. 行星齿轮装置

P410 驱动桥的行星齿轮装置由动力分配行星齿轮机构和减速增扭行星齿轮机构组成,如图 1 - 29 所示。

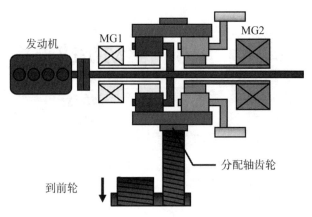

图1-28 P410驱动桥总成

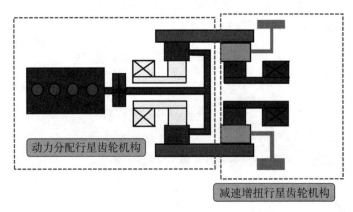

图1-29 P410驱动桥行星齿轮装置的结构

1）动力分配行星齿轮机构

动力分配行星齿轮机构如图1-30所示。它将发动机的动力分为两部分，一部分是驱动车轮；另一部分是驱动MG1，用来发电，因此，MG1可以作为发电机使用。同时，混合动力车辆电子控制单元（electronic control unit，ECU）总成持续监控发动机冷却液温度、高

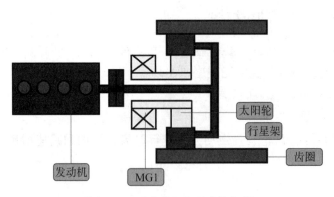

图1-30 动力分配行星齿轮机构

压(HV)蓄电池的荷电状态(state of charge，SOC)、HV 蓄电池的温度和电气负载情况，并通过 MG1 启动发动机。发动机连接动力分配行星齿轮机构的行星架，MG1 连接动力分配行星齿轮机构的太阳轮，动力分配行星齿轮机构的齿圈作为动力输出。

2）减速增扭行星齿轮机构

减速增扭行星齿轮机构如图 1-31 所示。该减速机构虽然提升了电动机在车辆以较高车速行驶时的驱动效率，但是在一定程度上牺牲了车辆起步、加速时的性能。混合动力系统使用发动机和 MG2 提供原动力，同时，MG2 还可以作为发电机实现制动能量的回收。MG2 连接减速增扭行星齿轮机构的太阳轮。减速增扭行星齿轮机构的行星架固定，行星齿轮对 MG2 的输出轴减速后，再连接到动力分配单元行星齿轮组的齿圈上输出动力。

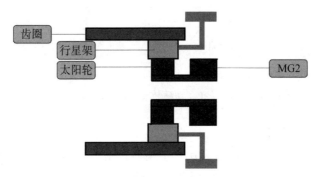

图 1-31　减速增扭行星齿轮机构

2. MG1 与 MG2 的性能参数

丰田不同车型 MG1 和 MG2 的性能参数如表 1-6 所示。

表 1-6　丰田不同车型 MG1 和 MG2 的性能参数

车　型		卡　罗　拉	普　锐　斯	凯　美　瑞
MG1	类型	永久磁铁	永久磁铁	永久磁铁
	最大系统电压/V	DC 650	DC 650	DC 650
MG2	类型	永久磁铁	永久磁铁	永久磁铁
	最大输出功率/kW	53	60	105
	最大输出扭矩/N·m	207/546（行星齿轮机构增加了 2.64 倍的扭矩）	207/546（行星齿轮机构增加了 2.64 倍的扭矩）	270/669（行星齿轮机构增加了 2.48 倍的扭矩）
	最大系统电压/V	DC 650	DC 650	DC 650

1.5.2　卡罗拉 P410 驱动桥工作原理

1. 车辆的行驶状态

混合动力系统根据不同的行驶状态对发动机、MG1 和 MG2 的运转进行优化组合,以驱动车辆。车辆的典型行驶状态如图 1-32 所示。

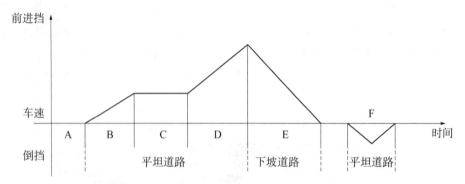

A—电源开关,置于 ON 位置;B—启动;C—定速巡航;D—加速;E—减速;F—倒车。

图 1-32　车辆的典型行驶状态

2. 驱动桥工作列线图

驱动桥工作列线图能够直观地表达行星齿轮的旋转方向、转速和扭矩平衡状态,如图 1-33 所示。相对水平基准位置,同侧表示运转方向相同,异侧表示运转方向相反。纵轴表示转速与旋转方向,纵轴的间距表示传动比。当 MG1/MG2 正向(+)旋转时,若施加负扭矩,则其将发电并产生电能;若施加正扭矩,则其将作为驱动源。当 MG1/MG2 反向(-)旋转时,若施加负扭矩,则其将作为驱动源;若施加正扭矩,则其将发电并产生电能。

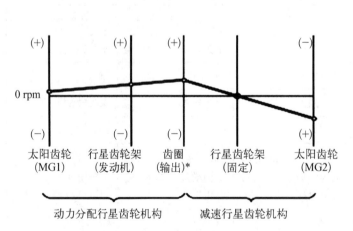
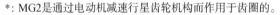
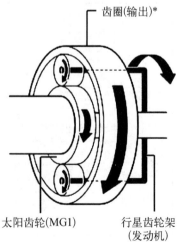

*: MG2是通过电动机减速行星齿轮机构而作用于齿圈的。

图 1-33　驱动桥工作列线图

3. 混合动力汽车的动力传输

混合动力汽车在启动、低载荷定速巡航、加速、减速、倒车 5 种状态下的动力传输特点如表 1-7 所示。

表 1-7　混合动力汽车在不同行驶状态下的动力传输特点

混合动力汽车的行驶状态	动力传输特点
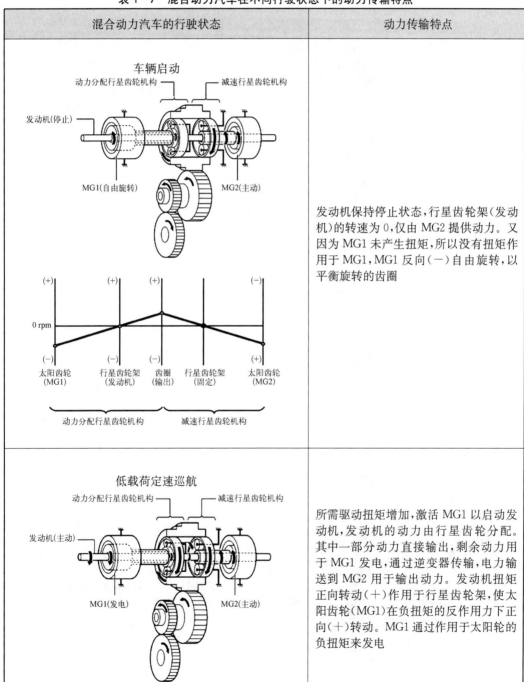	发动机保持停止状态,行星齿轮架(发动机)的转速为 0,仅由 MG2 提供动力。又因为 MG1 未产生扭矩,所以没有扭矩作用于 MG1,MG1 反向(-)自由旋转,以平衡旋转的齿圈 所需驱动扭矩增加,激活 MG1 以启动发动机,发动机的动力由行星齿轮分配。其中一部分动力直接输出,剩余动力用于 MG1 发电,通过逆变器传输,电力输送到 MG2 用于输出动力。发动机扭矩正向转动(+)作用于行星齿轮架,使太阳齿轮(MG1)在负扭矩的反作用力下正向(+)转动。MG1 通过作用于太阳轮的负扭矩来发电

（续表）

混合动力汽车的行驶状态	动力传输特点
车辆加速 动力分配行星齿轮机构　　减速行星齿轮机构 发动机(主动) MG1(发电)　　MG2(主动)	混合动力系统利用蓄电池的电能为 MG2 补充原动力。发动机扭矩正向（＋）转动，作用于行星齿轮架，使太阳齿轮（MG1）在负扭矩的反作用力下正向（＋）转动。MG1 利用作用于太阳轮的负扭矩来发电
车辆减速 动力分配行星齿轮机构　　减速行星齿轮机构 发动机(停止) MG1(自由旋转)　　MG2(发电)	当发动机关闭原动力时，车轮驱动 MG2，使 MG2 作为发电机运行，并为 HV 蓄电池充电。当车辆从较高车速开始减速时，发动机保持预定转速而非停止运转，以此来保护行星齿轮 由于发动机停止，行星齿轮架的转速为 0。此外，MG1 未产生任何扭矩，因此没有扭矩作用于太阳轮（MG1），太阳轮通过沿（－）方向自由旋转来平衡旋转的齿圈
车辆倒车 动力分配行星齿轮机构　　减速行星齿轮机构 发动机(停止) MG1(自由旋转)　　MG2(主动)	发动机不工作，动力由 MG2 提供。此时，MG2 反向（－）转动，MG1 沿正常方向旋转而不发电，太阳轮正向（＋）自由旋转，以平衡旋转的齿圈

任务实施

小组合作拆装卡罗拉混合动力汽车 P410 驱动桥。

1. 任务准备

（1）车辆、台架：丰田卡罗拉混合动力汽车 P410 驱动桥总成实训台架。

（2）专用工具：世达 150 件套拆装工具。

2. 安全注意事项

（1）确定实训台架处于安全状态。

（2）小组分工明确，遵守新能源汽车操作安全提示。

3. 任务实施过程

检修操作如表 1-8 所示。

表 1-8　卡罗拉混合动力汽车 P410 驱动桥的检修操作步骤

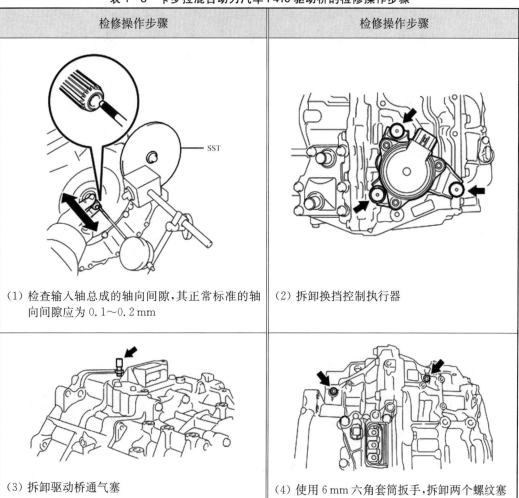

检修操作步骤	检修操作步骤
（1）检查输入轴总成的轴向间隙，其正常标准的轴向间隙应为 0.1～0.2 mm	（2）拆卸换挡控制执行器
（3）拆卸驱动桥通气塞	（4）使用 6 mm 六角套筒扳手，拆卸两个螺纹塞

检修操作步骤	检修操作步骤
 (5)拆卸变速器油泵盖总成	 (6)拆卸油泵驱动轴
 *a 木块 (7)固定混合动力驱动桥总成	 (8)使用 10 mm 六角套筒扳手,拆卸注油螺塞
 (9)使用 10 mm 六角套筒扳手,拆卸放油螺塞和衬垫	 (10)拆卸 2 号电动机水套盖总成
 (11)拆卸 1 号电动机水泵盖总成	 (12)拆卸混合动力驱动桥发电机总成(用两个螺栓安装发动机 1 号吊架和 2 号吊架)

（续表）

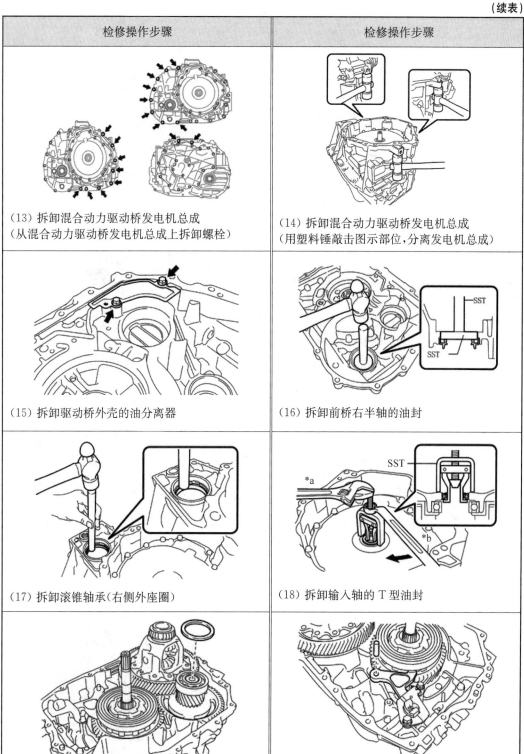

检修操作步骤	检修操作步骤
（13）拆卸混合动力驱动桥发电机总成 （从混合动力驱动桥发电机总成上拆卸螺栓）	（14）拆卸混合动力驱动桥发电机总成 （用塑料锤敲击图示部位，分离发电机总成）
（15）拆卸驱动桥外壳的油分离器	（16）拆卸前桥右半轴的油封
（17）拆卸滚锥轴承（右侧外座圈）	（18）拆卸输入轴的 T 型油封
（19）拆卸中间轴的从动齿轮垫片	（20）拆卸驻车锁爪

（续表）

检修操作步骤	检修操作步骤
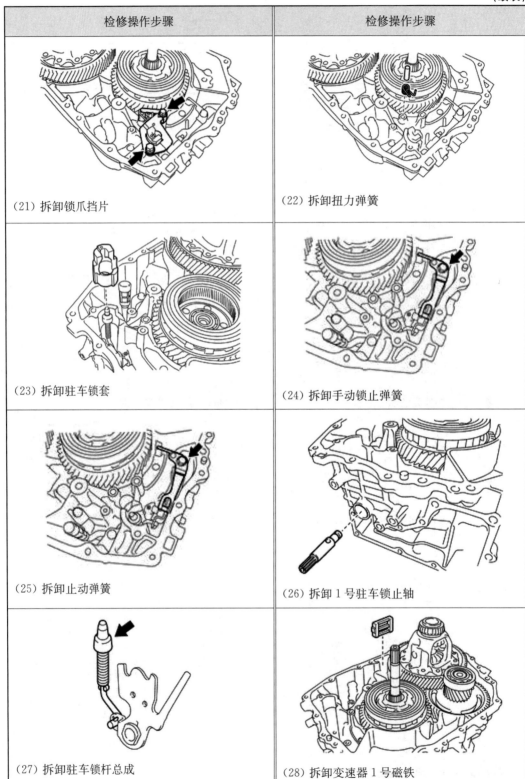（21）拆卸锁爪挡片	（22）拆卸扭力弹簧
（23）拆卸驻车锁套	（24）拆卸手动锁止弹簧
（25）拆卸止动弹簧	（26）拆卸1号驻车锁止轴
（27）拆卸驻车锁杆总成	（28）拆卸变速器1号磁铁

（续表）

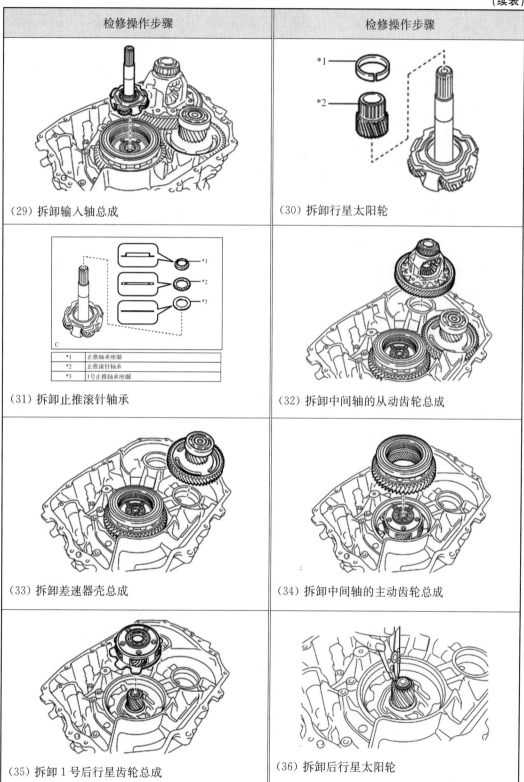

检修操作步骤	检修操作步骤
（29）拆卸输入轴总成	（30）拆卸行星太阳轮
（31）拆卸止推滚针轴承	（32）拆卸中间轴的从动齿轮总成
（33）拆卸差速器壳总成	（34）拆卸中间轴的主动齿轮总成
（35）拆卸 1 号后行星齿轮总成	（36）拆卸后行星太阳轮

检修操作步骤	检修操作步骤
 （37）拆卸变速器滤油网	 （38）拆卸前桥左半轴的油封
 （39）拆卸滚锥轴承（左侧外座圈）	

任务 1.6 开关磁阻电机故障检修

任务描述

一辆 2018 款丰田卡罗拉混合动力汽车,仪表主警告灯点亮,仪表显示屏显示换挡系统出现故障,故障代码"P1C8949"表示驻车锁爪电动机内部电子故障。初步检查,可能是驻车锁止电机故障,请按规范进行检修。

任务目标

(1) 能理解换挡传感器工作原理,按照维修手册标准,检修换挡传感器。
(2) 能理解换挡控制执行器工作原理,按照维修手册标准,检修换挡执行器。
(3) 能通过小组合作,制订检修计划,按照维修手册标准,检修驻车锁止电机故障。

知识链接

当混合动力车辆电子控制单元(ECU)检测到换挡控制系统(换挡传感器、换挡执行器电动机、换挡执行器传感器、线束或连接器)故障时,ECU 就会进行诊断并存储故障信息。另外,ECU 会使换挡指示灯点亮并闪烁、点亮主警告灯和在显示屏上显示警告信息来通知驾驶员。

1.6.1 换挡控制系统概述

换挡控制系统使用执行器电动控制驻车锁止机构。混合动力车辆 ECU 根据换挡传感器信号、驻车开关信号、电源 ECU 信号和制动开关信号控制换挡执行器工作,如图 1-34 所示。如果实际挡位和请求挡位不匹配,则混合动力车辆 ECU 检测故障并存储诊断故障码(diagnostic trouble code, DTC)。

1. 换挡传感器

换挡杆为瞬间换挡装置,其安装在仪表盘上。当驾驶员在换挡后松开换挡杆时,换挡杆会通过弹簧力回到原始位置。变速器换挡总成内的传感器能检测挡位(R、N、D、S),并

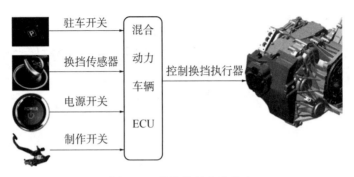

图 1-34　换挡控制系统原理

发送挡位信号到混合动力车辆 ECU。换挡传感器包括一个用于检测换挡杆横向运动的选择传感器和一个用于检测换挡杆纵向运动的挡位纵向传感器,如图 1-35 所示。这两个传感器信号的组合可以检测具体挡位。

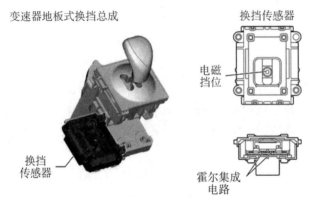

图 1-35　换挡传感器

由于换挡传感器利用霍尔集成电路工作,因此能够准确检测挡位。换挡传感器电路如图 1-36 所示。当主警告灯点亮,发动机故障报警灯不亮时,表示换挡传感器出现故障。

2. 驻车开关

驻车开关位置与常规换挡杆位置不同,在换挡杆上方独立提供了一个"P"位置开关(变速器换挡主开关)。驻车开关是瞬时型开关,其按钮不能机械锁止。"P"位置开关含有电阻器 R_1 和 R_2。如图 1-37 所示,未按下"P"位置开关时,开关电阻为 R_1、R_2 的合成电阻;按下"P"位置开关时,开关电阻为 R_1 电阻。混合动力车辆 ECU 端子 P1 的电压随开关电阻的变化而变化。驻车开关打开或关闭时,混合动力车辆 ECU 根据开关电阻信号判定驾驶员对 P 挡操作情况。当驻车开关出现故障时,主警告灯点亮。

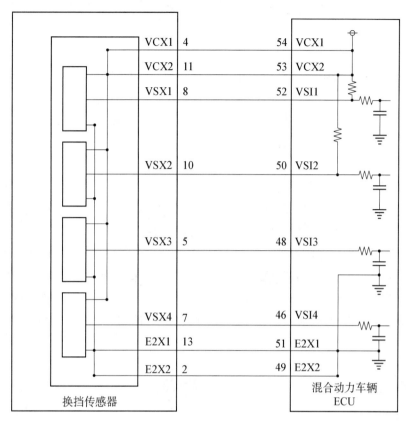

图 1-36 换挡传感器电路

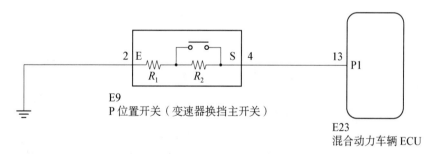

E9
P 位置开关（变速器换挡主开关）

E23
混合动力车辆 ECU

图 1-37 驻车开关

3. 电源 ECU

电源 ECU 发送信号到 HV ECU，表明车辆电源已经关闭。当电源开关关闭，挡位不在 P 挡时，电源 ECU 发送"换到 P 挡"请求信号到混合动力车辆 ECU。

1.6.2 开关磁阻电动机结构与工作原理

1. 开关磁阻电动机结构

开关磁阻电动机是一种新型电动机，它的定子、转子采用凸极结构，定子和转子均由硅钢片组成,只是在电动机的定子上安装有励磁绕组,通过定子电流来励磁,转子的运转是依靠磁引力来运行的。

1）转子

纯电动汽车开关磁阻电动机的转子由导磁性能良好的硅钢片叠压而成,转子的凸极上无绕组。开关磁阻电动机转子的作用是构成定子磁场磁通路,并在磁场力的作用下转动,产生电磁转矩。转子的凸极个数为偶数,实际应用的开关磁阻电动机的转子凸极最少有 4 个（2 对）,最多有 16 个（8 对）。

2）定子

纯电动汽车开关磁阻电动机的定子铁心也是由硅钢片叠压而成的,成对的凸极上绕有两个互相串联的绕组。定子的作用是定子绕组按顺序通电,产生的电磁力牵引转子转动。定子凸极的个数也是偶数,最少的有 6 个,最多的有 18 个。

开关磁阻电动机的定子和转子极数不同,有多种组合方式,最常见的有四相 8/6 结构和三相 6/4 结构。其中,三相开关磁阻电动机的定子上有 6 个凸极,转子上有 4 个凸极。四相开关磁阻电动机的定子上有 8 个凸极,转子上有 6 个凸极。与定子相对称的两个凸极上的绕组是互相串联的,构成一相,但转子上并没有任何绕组。如图 1-38 所示。

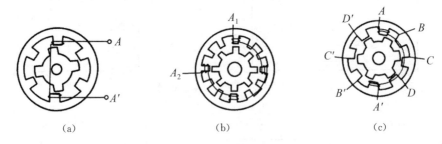

（a）　　　　　　　　（b）　　　　　　　　（c）

图 1-38　不同凸极开关磁阻电动机的结构

（a）三相 6/4 凸极单绕组结构的开关磁阻电动机；（b）三相 12/8 凸极双绕组结构的开关磁阻电动机；
（c）四相 8/6 凸极结构的开关磁阻电动机

2. 开关磁阻电动机的工作原理

开关磁阻电动机的转矩是磁阻性质,其运行原理遵循磁阻最小原理,磁通总是沿着磁阻最小的路径闭合,因磁场扭曲而产生切向磁力。

定子径向相对的两绕组串联成一相,比如 AX 相、BY 相、CZ 相,转子径向的凸极构成一组,如图 1-39 所示。由于定子极数与转子极数不相等,致使定子极距和转子的极距也不相等。当任意相的定子凸极中心线与转子凸极中心线重合时,另外一组转子凸极中性线与定子其他相凸极的中性线会错开。

图 1-40 是 6/4 结构开关磁阻电动机运转的截面图。

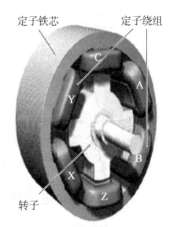

图 1-39　6/4 结构三相开关
磁阻电动机

当 A 相接通电源产生磁通,利用磁阻最小原理,也就是磁通总是沿磁阻最小的路径闭合,此时由于 A 相绕组对应的定子凸极中性线与转子凸极中性线不重合,磁阻不是最小,磁场就会产生拉力,牵引最近的转子凸极转到磁阻最小的位置。转子逆时针转动 10°、20°,直到转子凸极转到 30°,与 A 相绕组对应的定子凸极重合为止,此时磁阻最小。

图 1-40　开关磁阻电动机工作原理 1

为了使转子继续转动,在转子凸极转到 30°之前就断开 A 相电源,在 30°时接通 B 相电源。此时,B 相绕组产生磁通,牵引最近的转子凸极继续逆时针转动 40°、50°,如图 1-41 所示。

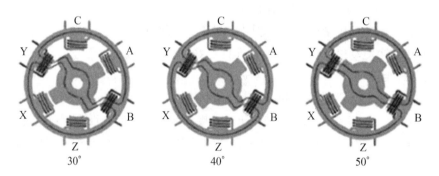

图 1-41　开关磁阻电动机工作原理 2

在转子转到 60°之前就切断 B 相电源,在 60°时接通 C 相电源,C 相绕组产生磁通,牵引最近转子凸极逆时针转动 70°、80°,如图 1-42 所示。

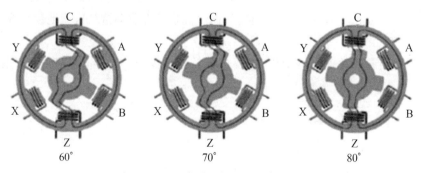

图 1-42　开关磁阻电动机工作原理 3

在转子转到 90°之前就切断 C 相电源,在 90°时接通 A 相电源,回到图 1-41 中所示的状态,转子就这样不停地旋转。

由工作原理可以看出,如果以图 1-42 中 0°所示转子相对于定子的位置为初始状态,以 A—B—C—A 顺序给相应的绕组通电,转子则会逆时针转动起来;若以 B—A—C—B 顺序给绕组通电,转子则会顺时针旋转起来。所以,开关磁阻电动机的转向取决于相绕组的通电顺序,与相绕组的通电方向无关。

3. 开关磁阻电动机优点

新能源汽车开关磁阻电动机作为一种新型调速电动机,在纯电动汽车领域应用的主要优势如下:

(1)通过适当的控制策略和系统设计,开关磁阻电动机能满足纯电动汽车四象限运行要求,具有较强的再生制动能力,并在高速运行区域内能保持较强的制动能力。

(2)开关磁阻电动机驱动系统有良好的散热性能,功率密度大,减少了电动机的体积和重量,节省了纯电动汽车的有效空间。

(3)开关磁阻电动机能在很宽的功率和转速范围内保持高效率,能有效提高纯电动汽车一次充电的续驶里程。

(4)开关磁阻电动机可以达到良好控制特性,而且容易智能化,从而能通过编程和替换电路元器件,满足不同类型纯电动汽车的运行要求。

(5)开关磁阻电动机结构简单,成本低,制造工艺简单。

(6)开关磁阻电动机可控参数多,调速性能好,适于频繁启动、停止以及正反转运行。

4. 开关磁阻电动机的不足

开关磁阻电动机虽然结构简单,但其设计和控制较复杂。开关磁阻电动机设计和控制要求非常精细,当电动机的凸极数较多时,主接线数就多,电动机的主电路较复杂。

电磁转矩的脉动较大,在特定频率下会产生谐振,这些都使得开关磁阻电动机噪声和振动较大。

1.6.3　换挡控制执行器工作过程

换挡控制执行器主要由无刷电动机和摆线减速机构组成。当它收到变速器 ECU 的执行信号后,其内部执行电动机开始转动,并移动驻车锁止杆,再滑动驻车锁爪,使它和安装在中间轴从动齿轮上的驻车齿轮啮合,从而使混合动力驱动桥被机械地锁止或开锁。

1. 无刷电动机

无刷电动机是开关磁阻电动机,主要包括转角传感器、定子线圈和转子,如图 1-43 所示。

（a）　　　　　　　　　　　　（b）

图 1-43　无刷电动机部件

（a）电动机定子线圈；（b）电动机转子

转角传感器包括两个霍尔传感器，分别称为相位 A 和相位 B 传感器，用于检测电动机的转动角度，其控制电路如图 1-44 所示。

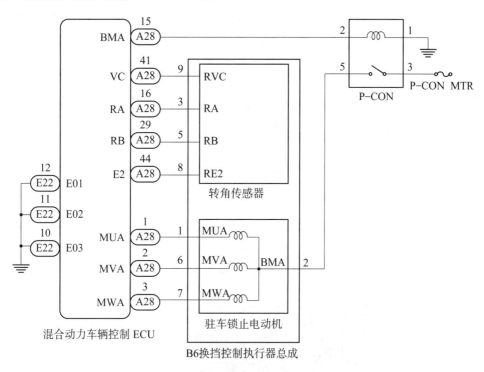

图 1-44　转角传感器控制电路

2. 摆线减速机构

摆线减速机构包括安装在电动机输出轴上的偏心盘、壳体上的内齿轮（61 个齿）、外齿轮（60 个齿）以及和外齿轮同步转动的输出轴，如图 1-45 所示。

当与电动机输出轴同步转动的偏心盘旋转时，内齿轮与外齿轮啮合，内齿轮推动外齿轮转动。外齿轮比内齿轮少 1 个齿，偏心盘每转动 1 圈，外齿轮就少转动 1 个齿，这样，与

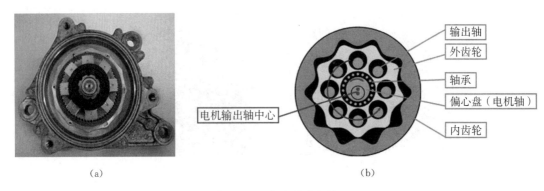

（a） （b）

图 1-45 摆线减速机构

（a）摆线减速机构实物图；（b）摆线减速机构结构图

外齿轮同步旋转的输出轴就会以 1：61 的减速比输出电动机的转速。

3. 驻车锁止机构

驻车锁止机构如图 1-46 所示，它安装在中间轴从动齿轮中。它在驻车锁止机构总成的位置如图 1-47 所示。

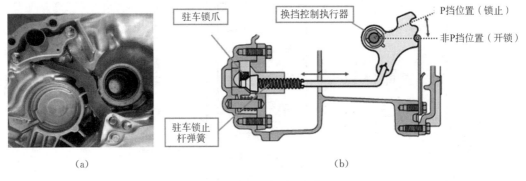

（a） （b）

图 1-46 驻车锁止机构

（a）驻车锁止机构实物图；（b）驻车锁止机构结构图

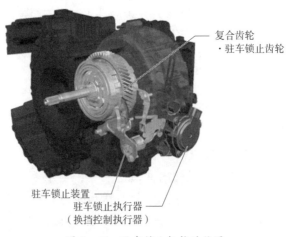

图 1-47 驻车锁止机构的位置

4. 卡罗拉换挡控制原理

混合动力车辆 ECU 通过转角传感器输出的交错相位(相位 A 和相位 B)的霍尔脉冲数来组合检测电动机的转动方向、角度和运动范围。转角传感器信号组合如图 1-48 所示。

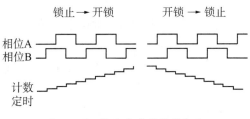

图 1-48 转角传感器信号组合

驻车锁止或开锁位置建立了控制标准的数值。当启动车辆时,驻车锁止或开锁位置会被检测到并被存储在存储器中。混合动力车辆 ECU 检测到当前位置,并根据存储器中的运动范围计算其他位置,如图 1-49 所示。

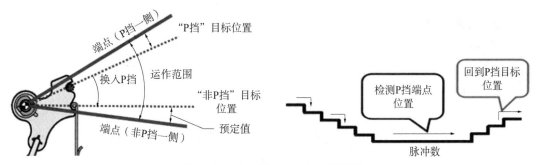

图 1-49 驻车锁止电动机目标位置

如果混合动力车辆控制检测到系统故障,则换挡指示灯闪烁,主警告灯点亮,显示器显示警告信息,换挡控制系统进入安全保护模式。

5. 换挡操作注意事项

(1) 电源开关置于 OFF 位置时,混合动力车辆控制不会立即切断,因此,失效保护功能启动。如果短时间内反复操作电源开关,失效保护功能则不会取消,需要等待 1min 或更长的时间才能完全切断混合动力车辆控制。

(2) 请勿在短时间内反复切换驻车挡和其他挡位,否则在一段时间内将无法换出驻车挡。

(3) 若驻车挡无法换出,可以检查辅助蓄电池电压是否过低。

(4) 若因浸水等情况导致电子换挡杆系统损坏,则挡位将无法换至或换出驻车挡。

(5) 若电子换挡杆系统损坏,电源开关切换至 OFF 位置时可能会切换至 ON 位置。

(6) 在四个车轮全部着地的情况下牵引车辆,电源开关置于 OFF 位置可能会啮合驻车锁。

（7）若失效保护功能开始工作，即使已经完成车辆维修或给辅助蓄电池充电，显示屏上也会持续显示警告信息，直至换出驻车挡。

任务实施

小组合作检测"P1C8949:驻车锁爪电动机内部电子故障"。

视频：检修驻车锁止电机

1. 实施准备

（1）车辆、台架：丰田卡罗拉混合动力汽车整车、丰田卡罗拉混合动力驱动实训台架。

（2）专用工具：诊断仪、数字式万用表。

2. 安全注意事项

（1）确定实训车辆与台架处于安全状态。

（2）小组分工明确，遵守新能源汽车操作安全提示。

3. 检修操作

1）检查换挡传感器

（1）将换挡执行器（gear shift actuator，GTS）连接数据连接器接口 3（DLC3）。

（2）将电源开关置于 ON（READY）位置。

（3）进入以下菜单：Powertrain/Hybrid Control/Data List/Shift Sensor Voltage（VSI1）、Shift Sensor Voltage（VSI2）、Shift Sensor Voltage（VSI3）、Shift Sensor Voltage（VSI4）。

（4）在踩下制动踏板的情况下，按照以下方式缓慢移动换挡杆以选择各挡位，即 N、R、D、S，读取在 GTS 上显示的数据流，如表 1-9 所示。换挡杆处于各挡位时，等待 5 s 或更长时间。

表 1-9　换挡传感器数据

数据表项目	换挡杆位置				
	D	N	R	S	原始位置
Shift Sensor Voltage（VSI1）	1.63～2.40 V	0.68～1.62 V	0.40～0.67 V	2.75～3.52 V	3.53～4.47 V
Shift Sensor Voltage（VSI2）	2.70～3.52 V	1.63～2.70 V	0.98～1.62 V	1.63～2.45 V	2.45～3.52 V
Shift Sensor Voltage（VSI3）	3.53～4.17 V	2.45～3.52 V	1.63～2.45 V	0.98～1.62 V	1.63～2.70 V
Shift Sensor Voltage（VSI4）	4.47～4.75 V	3.53～4.47 V	2.75～3.52 V	0.40～0.67 V	0.68～1.62 V

2）检查换挡执行器（电源、执行器电路、传感器电路）

（1）检查诊断故障代码（diagnostic trouble code，DTC）输出。

① 将 GTS 连接到 DLC3。

② 将电源开关置于 ON（READY）位置。

③ 进入菜单：Powertrain/Hybrid Control/Trouble Code。

④ 检查是否输出 DTC。

（2）检查换挡控制执行器电源电路是否正常，如果电压低于 9 V，则更换辅助蓄电池。

（3）使用 GTS 读取 U、V、W 相电压。

① 将 GTS 连接到 DLC3。

② 将电源开关置于 ON（READY）位置。

③ 进入菜单：Powertrain/Hybrid Control/Data List/U Phase Parking Lock Motor Terminal Voltage；V Phase Parking Lock Motor Terminal Voltag；W Phase Parking Lock Motor Terminal Voltage。

④ 根据表 1-10 的数据核对检测仪显示的数据。

表 1-10　换挡控制执行器 U、V、W 相电压

检测仪显示	测量项目	范　围	正 常 状 态
U Phase Parking Lock Motor Terminal Voltage	U 相电压值	0～4.99 V	0～3.5 V（ON）
V Phase Parking Lock Motor Terminal Voltage	V 相电压值	0～4.99 V	0～3.5 V（ON）
W Phase Parking Lock Motor Terminal Voltage	W 相电压值	0～4.99 V	0～3.5 V（ON）

3）检修换挡执行器传感器

（1）将电源开关置于 ON 位置。

（2）使用头部缠有绝缘胶带的螺丝刀转动执行器总成轴。

（3）检查换挡执行器的 RA、RB 端子，电压正常为 0～1.5 V、4～5.5 V。

（4）检查线束与连接器（混合动力车辆 ECU—换挡控制执行器）。

① 断开混合动力车辆 ECU 连接器 A28。

② 断开换挡控制执行器总成连接器 B6。

③ A28 与 B6 连接器如图 1-50 所示。

④ 测量换挡控制电动机线路是否存在断路或对地短路的现象。

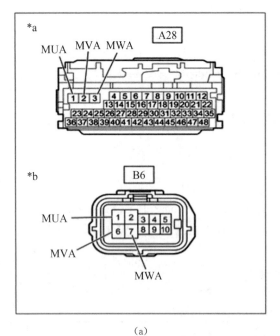
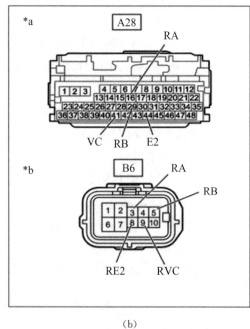

（a）　　　　　　　　　　　　　　（b）

图 1-50　混合动力车辆 ECU 连接器 A28 与换挡控制执行器的总成连接器 B6

4）检查驻车开关

（1）确定车辆上驻车开关的位置。

（2）检查驻车开关的状态。

（3）使用多用途表来测试开关是否在正确的位置进行连接或断开电路。

项目测评

1. 永磁电动机主要由_____、_____组成，_____为永久磁铁。

2. 电动机内部有_____传感器来检测电动机转子的当前位置。

3. 三相交流异步电动机按照转子结构分为_____和_____异步电动机。

4. 对于永磁同步电动机，只要控制定子旋转磁场的_____，就能控制电动机的转速。

5. 对于永磁同步电动机，在转子永久磁铁磁场强度固定的情况下，只要控制_____，就能控制电动机的转矩。

6. 旋变传感器线圈由_____、_____和_____三组线圈组成，其产生的信号为_____信号。

7. 对于永磁同步电动机，永磁材料在高温作用下，会发生_____现象，电动机需要采取水冷却方式来控制温度在_____℃以下。

8. 对于永磁同步电动机,其工作时,定子绕组输入_____。

9. 对于永磁同步电动机,如果改变电动机旋转方向,只要改变_____就可以了。

10. 如果电动机通电后不启动,并发出嗡嗡响,原因可能有_____、_____、_____。

11. 如果电动机过热,原因可能有_____、_____、_____。

12. P410 驱动桥主要由_____、_____、_____组成。

13. 动力分配行星齿轮机构的太阳轮连接_____,行星架连接_____,齿圈连接_____。

14. 减速增扭行星齿轮机构的太阳轮连接_____,行星架_____,齿圈连接_____。

15. 发电机 MG1、电动机 MG2 的工作电压为_____,其冷却方式分别是_____、_____。

16. 永磁电动机分为_____和_____。

17. 永磁同步电动机通过_____检测电动机的转速和位置,通过_____控制电动机的转速;通过_____检测电动机的输出功率,通过_____控制电动机的输出功率。

18. 混合动力车辆 ECU 通过_____信号切断电动机的控制。

19. 混合动力车辆 ECU 通过_____、_____、_____和_____信号控制换挡执行器工作。

20. 驻车锁止电机的类型属于_____,其传感器有_____、_____,用于检测_____。

项目2 电动机控制器常见故障诊断与排除

⚡ 项目导入

项目名称		电动机控制器常见故障诊断与排除		
姓名	班级		成绩	
组别	组长		场地	
日期	学时		指导教师	
任务描述		一辆纯电动新能源汽车无法正常行驶,经初步检查为电动机控制器故障。 　　小明是一名新能源汽车维修工,今天接到班组长的派工单,要求在2个小时内完成电动机控制器故障检修。 　　请你以小组合作的形式,通过阅读维修工单,明确任务要求,查阅维修手册,确定作业流程与技术标准,在规定工期内完成绝缘栅双极型晶体管(IGBT)功率驱动模块、母线电容、电流传感器等的检查维修,使汽车恢复正常使用性能。自检合格后,填写维修工单,交付班组长进行质量检验,在工作过程中遵循现场工作规范。		
任务目标		(1) 能阅读并规范填写维修工单,就车确认汽车状况并记录相关信息,明确新能源汽车电机控制器检查维修的项目、内容和工期要求。 　　(2) 能参照维修手册和前期获取的相关知识,根据厂家规定制定新能源汽车电机控制器检查维修作业流程,并进行作业前的准备工作。 　　(3) 能按照新能源汽车电机控制器检查维修作业方案,以双人合作的方式,在规定时间内完成 IGBT 功率驱动模块、母线电容、电流传感器等的检查维修,并填写检查维修记录。 　　(4) 能根据企业三级检验制度,按行业竣工检验标准,对检查维修作业质量进行自检、组检和终检,在维修工单上填写质检结果并签字确认后,交付车辆。		

 **电动机控制器电路检修**

任务描述

　　一辆北汽 EV160 新能源汽车，车辆无法行驶，读取故障码，显示电动机控制器(MCU)位置信号检测回路故障。初步判断可能是电动机控制器的电路故障，请按规范进行检修。

任务目标

　　(1) 能说明新能源汽车电机驱动系统的组成和工作模式。
　　(2) 能解释电动机控制器低压电路组成与工作原理。
　　(3) 能进行小组合作，执行维修手册标准，检修电动机控制器低压电路故障。

知识链接

2.1.1　电动机驱动控制系统概述

1. 电动机驱动控制系统组成

电动机驱动控制系统主要由电动机、电动机控制器、整车控制器构成。

　　整车控制器根据加速踏板、制动踏板、挡位等信号通过 CAN 网络向电动机控制器发送指令，实时调节驱动电动机的扭矩输出，以实现整车的启动、加速、能量回收等功能，如图 2-1 所示。

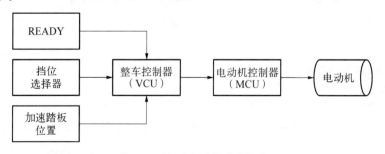

图 2-1　驱动电动机系统组成

电动机控制器对所有的输入信号进行处理,并将驱动电动机控制系统运行状态信息通过 CAN 网络发送给整车控制器。驱动电动机控制器内含故障诊断电路,当电动机出现异常时,达到一定条件后,它将会激活一个错误代码并发送给整车控制器,同时储存该故障码和相关数据。

电动机控制器能对自身温度、电动机的运行温度、转子位置进行实时监测,并把相关信息传递给整车控制器,进而调节水泵和冷却风扇工作,使电动机保持在理想温度下工作。

1)电动机

永磁同步电动机依靠内置旋变传感器、温度传感器来提供电动机的工作状态信息,并将电动机运行状态信息实时发送给电动机控制器。

旋变传感器检测电动机转子位置,经过电动机控制器内旋变解码器解码后,电动机控制器可获知电动机当前转子位置,从而控制相应的 IGBT 功率晶体管导通,按顺序给定子三相绕组通电,驱动电动机旋转。

温度传感器的作用是检测电动机绕组温度,并提供信息给电动机控制器,再由电动机控制器将信息通过 CAN 线传给整车控制器,进而控制水泵、冷却风扇工作,调节电动机工作温度。

2)电动机控制器

驱动电动机控制器内部采用三相两电平电压源型逆变器,是驱动电动机系统的控制核心,称为智能功率模块。它以 IGBT 为核心,辅以驱动集成电路、主控集成电路,如图 2-2 所示。

图 2-2 驱动电动机控制器

2.1.2 电动机控制器工作模式

对于现代纯电动汽车,电动机驱动系统需要满足以下基本要求:①高功率密度和高瞬时输出功率;②在纯电动汽车低速或者爬坡时,能提供低速大转矩输出,高速时能为巡航提供高速低转矩特性;③具有宽调速范围,包括恒转矩区和恒功率区;④转矩响应快速;⑤在较宽的转速和转矩工作区内,保持较高能量效率;⑥再生制动时,可以实现高的能量回收效率。

1. D挡加速行驶

驾驶员挂 D 挡并踩加速踏板,此时挡位信息和加速信息通过信号线传递给整车控制器,整车控制器把驾驶员的操作意图通过 CAN 线传递给驱动电动机控制器 MCU,电动机控制器根据整车控制器计算的目标电动机扭矩信号,再结合旋变传感器信息(转子位置),向永磁同步电动机的定子通入三相交流电,为牵引电动机提供交流电源,以产生驱动力,如图 2-3 所示。

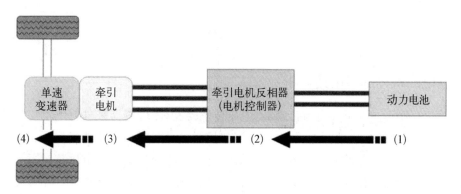

图 2-3 电动机驱动控制

由三相交流电产生的旋转电枢磁动势及建立的电枢磁场,一方面切割定子绕组,并在定子绕组中产生感应电动势;另一方面以电磁力拖动转子以同步转速正向旋转。随着加速踏板行程不断加大,电动机控制器控制的 6 个 IGBT 导通频率上升,电动机的转矩随着电流的增加而增加,因此,起步时基本上拥有最大的转矩。随着电动机转速的增加,电动机的功率也增加,同时电流也随之增加。

在纯电动汽车上,一般要求电动机的输出功率保持恒定,即电动机的输出功率不随转速增加而变化,这要求在电动机转速增加时,电压保持恒定。

与此同时,电动机控制器也会通过电流传感器和电压传感器,感知电动机当前功率、消耗电流大小、电压大小,并把这些信息数据通过 CAN 网络传送给仪表、整车控制器。

2. R挡倒车时

当驾驶员挂 R 挡时,驾驶员请求信号发给整车控制器,再通过 CAN 线发送给 MCU,此时 MCU 结合当前转子位置(旋变传感器)信息,通过改变 IGBT 模块 U/V/W 相通电顺序,进而控制电动机反转。

3. 制动时能量回收

驾驶员松开加速踏板时,电动机由于惯性仍在旋转,随着电动机转速下降,当车轮转速大于电动机转速时,电动机由于被车辆拖动而旋转,此时驱动电动机变为发电机。

减速期间,电动机控制器根据整车 ECU 发出的再生扭矩指令信号驱动牵引电动机的发电机功能,将轮胎旋转产生的动能转换为电能对动力电池充电,如图 2-4 所示。牵引电动机作为发电机时产生的再生扭矩可用作制动力。

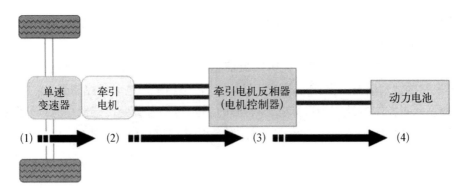

图 2-4　制动能量回收

2.1.3　电动机控制器电路分析

电动机控制器主要依靠电流传感器、电压传感器、温度传感器来进行电动机运行状态的监测，根据相应的参数进行电压、电流的调整控制以及其他控制功能的完成。电流传感器用于检测电动机工作的实际电流，包括母线电流、三相交流电流。电压传感器用于检测供给电动机控制器工作的实际电压，包括动力电池电压、12 V 蓄电池电压。温度传感器用于检测电动机控制系统的工作温度，包括 IGBT 模块温度、电动机温度。

1. 北汽 EV160/EV200 电动机控制电路

驱动电动机系统电路包括电源电路、旋变传感器电路、电动机温度传感器、高低压互锁接口、高压电路和与整车控制器的通信电路，如图 2-5 所示。驱动电动机控制器低压端子针脚定义如表 2-1 所示。驱动电动机控制系统故障代码如表 2-2 所示。

表 2-1　驱动电动机控制器低压端子针脚定义

针　　脚	信　　号	说　　明
12	励磁绕组 R1	电动机旋变传感器接口
11	励磁绕组 R2	
35	余弦绕组 S1	
34	余弦绕组 S3	
23	正弦绕组 S2	
22	正弦绕组 S4	
33	屏蔽层	
24	12 V GND	控制电源接口
1	12 V+	
32	CAN-H	CAN 总线接口
31	CAN-L	

(续表)

针　脚	信　号	说　明
29	CAN 屏蔽	
30	CAN 地线	
10	电动机温度传感器	
9	电动机温度传感器	电动机温度传感器接口
20	电动机温度传感器	
21	电动机温度传感器	
15	HVIL1	高压互锁接口
26	HVIL2	

表 2-2　驱动电动机控制系统故障代码

故 障 代 码	定　义
P116319/P116419/P116519	MCU MOSFET 驱动电路过流故障（U/V/W）
P113519	MCU 相电流过流故障
P0A4400	电动机超速故障
P114017	MCU 直流母线过压故障
P114016	MCU 直流母线欠压故障
P117F98	MCU 过温故障
P0A2F98	电动机过温故障
P118A12/P118B12/P118C12	MCU 相电流采样回路故障（U/V/W）
P0A3F00	MCU 位置信号检测回路故障
P11881C	MCU 温度检测回路故障
P0A001C	电动机温度检测回路故障
U011187	与 BMS 通信丢失
P0A0A94	电动机系统高压暴露故障
U300317	MCU 低压电源过压故障
U300316	MCU 低压电源欠压故障
P118A28/P118B28/P118C28	MCU 相电流传感器零漂故障（U/V/W）
P118D28	MCU 直流母线电流传感器零漂故障
P062F46	MCU EEPROM 故障
U012187	与 ABS 通信丢失
P078001	挡位故障
P060D1C	加速踏板信号错误
C002192	制动助力系统故障
P0A9409	DC-DC 故障

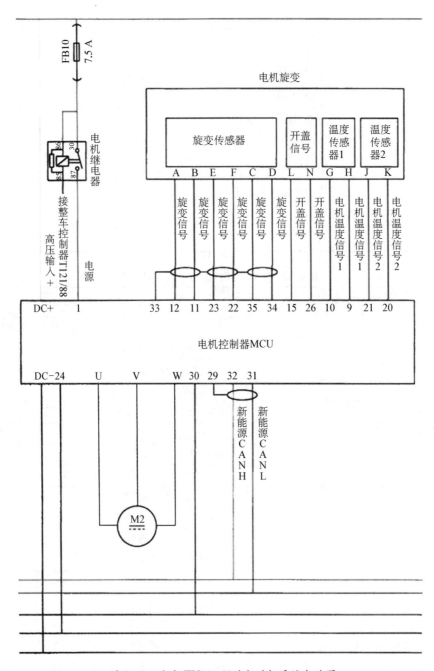

图 2-5　北汽 EV160 驱动电动机系统电路图

2. 吉利帝豪 EV 电动机控制器电路

吉利帝豪 EV 电动机控制系统电路如图 2-6 所示，电动机控制器连接端子定义如表 2-3 所示。扫描二维码获取电动机控制系统的故障代码及相关排除方法。

知识拓展：常见电动机控制系统故障代码及含义

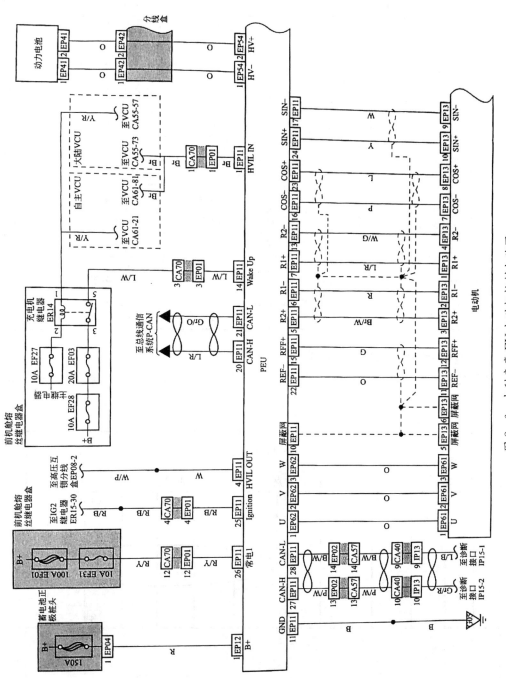

图 2—6　吉利帝豪 EV 电动机控制电路图

表 2-3　吉利帝豪 EV 电动机控制器连接端子定义

端 子 号	端 子 定 义	端 子 号	端 子 定 义
1	高压互锁输入	15	Resovler+EXC
2	—	16	Resovler+COSLO
3	—	17	Resovler+SINLO
4	高压互锁输出	18	—
5	温度传感器输入	19	—
6	温度传感器接地	20	CAN-H
7	温度传感器输入	21	CAN-L
8	—	22	Resovler-EXC
9	—	23	Resovler+COSHI
10	屏蔽线接地	24	Resovler+SINHI
11	接地	25	KL15
12	—	26	KL30
13	温度传感器接地	27	调试 CAN-H
14	唤醒输入	28	调试 CAN-L

3. 比亚迪 E5 电动机控制器电路

比亚迪 E5 电动机控制系统的电路如图 2-7 所示,其电动机控制系统故障代码如表 2-4 所示。

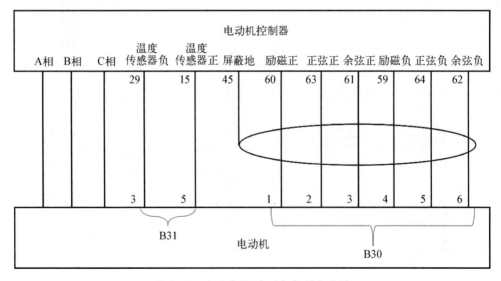

图 2-7　比亚迪 E5 电动机控制电路图

表 2-4　比亚迪 E5 电动机控制系统故障代码

序　号	故　障　码	故　障　定　义
1	P1B0000	驱动 IPM 故障
2	P1B0100	旋变故障
3	P1B0200	驱动欠压保护故障
4	P1B0300	主接触器异常故障
5	P1B0400	驱动过压保护故障
6	P1B0500	智能功率模块(IPM)散热器过温故障
7	P1B0600	挡位故障
8	P1B0700	油门异常故障
9	P1B0800	电机过温故障
10	P1B0900	电机过流故障
11	P1B0A00	电机缺相故障
12	P1B0B00	可擦可编程只读存储器(EEPROM)失效故障
13	P1B3100	IGBT 过热故障
14	P1B3200	门极关断电压(GTOV)电感温度过高故障
15	P1B3400	电网电压过高
16	P1B3500	电网电压过低
17	P1B3900	交流电压霍尔异常
18	P1B3A00	交流电压霍尔失效
19	P1B3B00	三相交流过流

任务实施

小组合作检测电动机控制器电路。

1. 任务准备

（1）台架：新能源汽车电动机驱动系统实训台架。

（2）专用工具：诊断仪、数字式万用表。

2. 安全注意事项

（1）确保实训台架处于安全状态。

（2）小组分工明确，遵守新能源汽车操作安全提示。

3. 任务实施过程

电动机控制器的检测步骤及方法如表 2-5 所示。

表 2-5　电动机控制器电路的检测步骤及方法

步　骤	实 施 方 法
(1) 读取电动机控制系统数据流	① 预充电状态_____ ② 电动机扭矩_____ ③ 电动机本体温度_____ ④ 电动机控制器温度_____ ⑤ 电动机转速_____
(2) 检查电动机控制器低压12 V 电源供电是否正常	检查情况_____
(3) 检查电动机控制器与整车控制器通信是否正常	① CAN-H 电压为_____V ② CAN-L 电压为_____V
(4) 检查旋变传感器信号是否正常	① 励磁线圈电阻为_____Ω ② 线圈 S 电阻为_____Ω ③ 线圈 C 电阻为_____Ω ④ 检测旋变传感器线束至电机控制器是否有断路现象,是否对地短路 检查情况_____ ⑤ 检测旋变传感器的励磁线圈电压是否正常 检查情况_____

任务 **2.2**　IGBT 元器件检修

任务描述

　　一辆北汽 EV160 新能源汽车，车辆无法行驶。读取故障码显示驱动的智能功率模块（intelligent power module，IPM）故障。经初步检查可能是电动机控制器的绝缘栅双极型晶体管（insulated gate bipolar transistor，IGBT）功率驱动模块的故障。请按规范进行检修。

任务目标

　　(1) 能说明三极管、场效应管、IGBT 的结构与工作原理。

　　(2) 通过小组合作，使用万用表与试灯能够正确检测三极管、场效应管、IGBT。

知识链接

2.2.1　三极管结构与工作原理

1. 本征半导体

　　硅的价电子层有 4 个电子，这 4 个电子与相邻的 4 个硅原子形成共价键。共价键比较稳定，几乎没有多余的电子，所以导电性差。此类型半导体称为本征半导体，如图 2-8 所示。

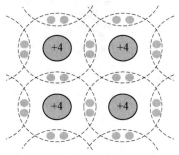

图 2-8　本征半导体的晶体结构

2. N型半导体

在硅半导体中掺入少量的五价元素,如磷等,磷原子的最外层有 5 个价电子,用磷置换硅,此时半导体内出现多余的电子,如图 2-9 所示。这种半导体主要靠自由电子导电,称为 N 型半导体。

3. P型半导体

在硅半导体中掺入三价元素,如硼等,硼原子的最外层有 3 个价电子,用硼置换硅,此时半导体内出现多余的空穴,如图 2-10 所示。此类型半导体称为 P 型半导体。

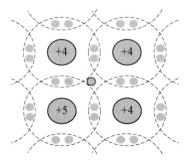

图 2-9　N 型半导体结构

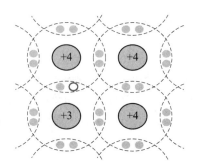

图 2-10　P 型半导体结构

4. 二极管

将 N 型半导体和 P 型半导体结合在一起,二极管就诞生了。在交界处的空穴和电子相互吸引,因为电子的离开,会使 N 部分边缘带正电,而 P 部分边缘则带负电,产生的内电场(又称势垒)会阻止任何一个电子进一步迁移。因此,在断电状态下,二极管内部没有电流,如图 2-11 所示。

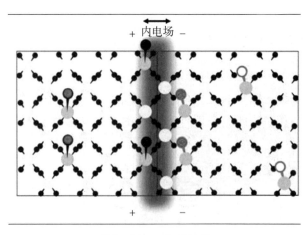

图 2-11　二极管结构

如果给二极管加上反向偏置电压,内电场区域会增大,二极管处于截止状态,如图 2-12 所示。如果给二极管加上正向偏置电压,内电场区域减小,二极管则处于导通状态,如

图 2 - 13 所示。

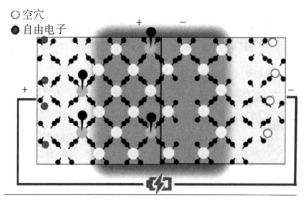

图 2 - 12 二极管截止

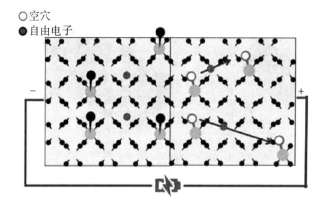

图 2 - 13 二极管导通

5. 三极管

1）三极管的结构

三极管按材料分为锗管和硅管，每一种又有 NPN 和 PNP 两种结构形式。

NPN 型三极管由两块 N 型半导体和一块 P 型半导体组成。PNP 型三极管由两块 P 型半导体和一块 N 型半导体组成。发射区与基区之间形成的 PN 结称为发射结，而集电区与基区形成的 PN 结称为集电结，三条引线分别称为发射极 E、基极 B 和集电极 C。

PNP 型三极管发射区发射的是空穴，其移动方向与电流方向一致，故发射极箭头朝内。NPN 型三极管发射区发射的是自由电子，其移动方向与电流方向相反，故发射极箭头朝外。发射极箭头指向也是 PN 结在正向电压下的导通方向。如图 2 - 14 所示。

2）三极管管脚识别

贴片三极管管脚一般是固定的，从左边开始按照基极、集电极、发射极排列，如图 2 - 15 所示。

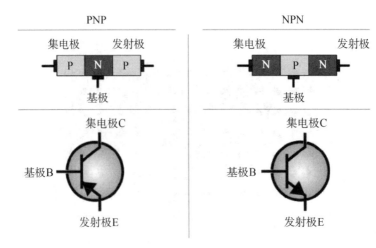

图 2-14　三极管类型

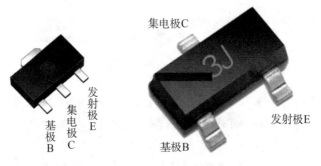

图 2-15　贴片三极管管脚

3）三极管检测

将数字式万用表设置为二极管挡位，红表笔测量基极，黑表笔分别测量集电极与发射极，正常 NPN 结构三极管的基极对集电极、发射极的正向电阻是 $430\sim680\,\Omega$（硅管），反向电阻无穷大。并且基极与发射极的测试电阻比基极与集电极的测试电阻大 $1\sim20\,\Omega$（大功率管比较明显），如果超出这个值，说明该元件的性能已经变坏，请不要再使用。

2.2.2　场效应管结构与工作原理

1. 场效应管分类

金属-氧化物半导体场效应晶体管（metal oxide semiconductor field effect transistor, MOSFET）的栅极被绝缘层隔离，所以又叫绝缘栅场效应管，一般也简称为 MOS 管。MOSFET 的输入电阻很高，从导电沟道的类型来分，可以分为 N 沟道和 P 沟道两种。无论是 N 沟道还是 P 沟道，均可以分为增强型和耗尽型，如图 2-16 所示。N 沟道的 MOS 管通常简称为 NMOS，P 沟道的 MOS 管简称为 PMOS。

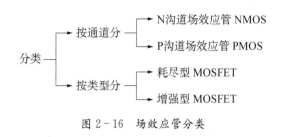

图 2-16 场效应管分类

2. 场效应管符号

MOS 管共有 3 个脚,分别是栅极 G、漏极 D、源极 S。通常情况下,MOS 管的衬底跟 S 极在管子内部是连接在一起的,而且 MOS 管的 D 极和 S 极之间一般会有一个寄生二极管。MOS 管的表示符号如图 2-17 所示。

3. N 沟道耗尽型场效应管结构

N 沟道耗尽型场效应管用一块 P 型半导体材料做衬底,在其面上扩散了两个 N 型区,并在上面覆盖一层二氧化硅(SiO_2)绝缘层。在 N 区上方,用腐蚀的方法做成两个孔,并用金属化的方法分别在绝缘层及两个孔中做成三个电极:栅极 G、漏极 D、源极 S。栅极与漏极、源极是绝缘的,漏极与源极之间有两个 PN 结。如图 2-18 所示。

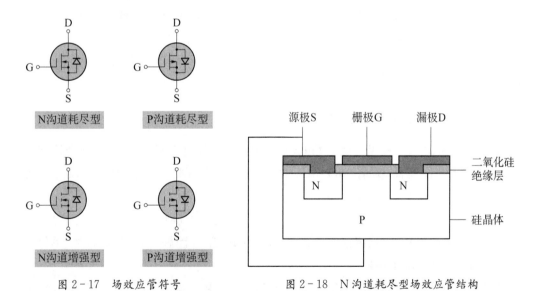

图 2-17 场效应管符号   图 2-18 N 沟道耗尽型场效应管结构

4. N 沟道耗尽型场效应管工作原理

在栅极、源极间加正电压 U_{GS},在漏极、源极间加正电压 U_{DS}。栅极的正电压将 P 区中的空穴推开,并将 P 型半导体部分电子吸引到绝缘板附近,空穴被填充。当栅极驱动电压大于开启电压或阈值电压时,此处电位逐渐转变到与两旁的 N 部分一样,于是一条通道被打开,促使 P 型半导体反型为 N 型,从而成为反型层。该反型层形成 N 沟道,使漏极和源极导通。之后,电子在源极、漏极电压驱动下运动,产生电流,电路接通。场效应管导通电路如图 2-19 所示。

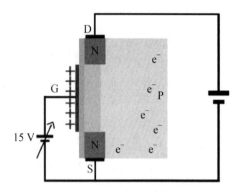

图 2-19　场效应管导通电路

5. MOSFET 的几个常用参数

漏源电压 U_{DS}:这是 MOSFET 的一个极限参数,表示 MOSFET 漏极与源极之间能够承受的最大电压值。这个参数与结温相关,通常结温越高,该值最大。

漏源导通电阻 R_{DS}:表示 MOSFET 在某一条件下导通时,漏源极之间的导通电阻。这个参数与 MOSFET 结温,驱动电压 U_{GS} 相关。在一定范围内,结温越高,R_{DS} 越大;驱动电压越高,R_{DS} 越小。

栅极电荷 Q_g:是在驱动信号作用下,栅极电压从 0 V 上升至终止电压所需的充电电荷。

2.2.3　IGBT 结构与工作原理

IGBT 是由 BJT(双极型三极管)和 MOS(绝缘栅型场效应管)组成的复合全控型电压驱动式功率半导体器件,兼有 MOSFET 的高输入阻抗和 BJT 的低导通压降两方面的优点。

BJT 的饱和压降较小,载流密度较大,但驱动电流较大;MOSFET 驱动功率很小,开关速度快,但导通压降大,载流密度小。而 IGBT 则综合了上述两种器件的优势,不仅驱动功率小,而且饱和压降也很低。

IGBT 是能源转换与输出的核心器件,相当于电力电子装置的"CPU",非常适合应用于直流电压为 600 V 及以上的变流系统,如交流电机、变频器、开关电源、照明电路、牵引传动等领域。

1. IGBT 结构

IGBT 的结构和 MOS 管非常接近,只是在背面增加了 N+ 和 P+ 层,"+"意味着更高的自由电子或者空穴密度,因此,IGBT 在保有 MOS 管优点的情况下,还提升了载流能力和抗压能力,其结构如图 2-20 所示。

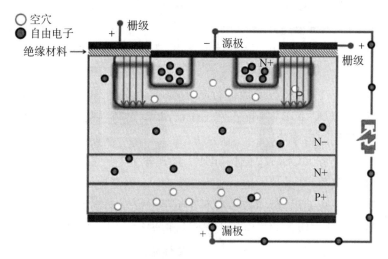

图 2 - 20 　IGBT 结构

N＋为源区（漂移区域），附于其上的电极称为源极，即发射极 E；P＋为漏区（注入区域），注入区域将大部分载流子空穴从 P＋层注入 N 层，附于其上的电极称为漏极，即集电极 C；器件的控制区为栅区，附于其上的电极称为栅极 G。

2. IGBT 电气符号与等效电路

IGBT 是以双极型三极管为主导件，将 MOSFET 视作驱动件的复合结构，以 N 沟道 IGBT 为例，其电气符号与等效电路如图 2 - 21 所示。

3. IGBT 工作过程

IGBT 的 3 只引脚依次为栅极（控制极）G、集电极 C、发射极 E，如图 2 - 22 所示。在 IGBT 在使用过程中，可以通过控制其集电极-发射极电压 U_{CE} 和栅极-发射极电压 U_{GE} 的大小，实现对 IGBT 导通、关断状态的控制。

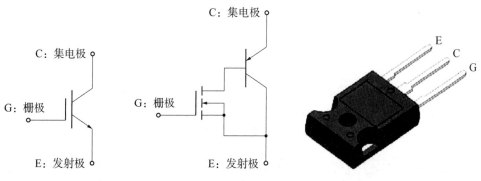

图 2 - 21 　N 沟道 IGBT 的电气符号与等效电路 　　　　图 2 - 22 　IGBT 引脚示意图

当 IGBT 栅极-发射极施加 0 或负电压时，MOSFET 内沟道便会消失，此时 IGBT 呈关断状态；当集电极至发射极电压 $U_{CE}<0$ 时，J3 的 PN 结处于反向偏置，IGBT 则呈反向

阻断状态;当集电极至发射极电压 $U_{CE}>0$ 时,分以下两种情况:

(1) 若栅极至发射极电压 $U_{GE}<$ 开启电压,沟道不能形成,IGBT 呈正向阻断状态。

(2) 若栅极至发射极电压 $U_{GE}>$ 开启电压,栅极沟道形成,IGBT 呈导通状态(正常工作)。

此时,空穴从 P+区注入 N 基区进行电导调制,减少 N 基区电阻值,使 IGBT 通态压降降低。若 U_{GE} 过低,则 IGBT 不能正常工作;若 U_{GE} 过高,则会造成 IGBT 永久性损坏。

4. IGBT 的使用注意事项

由于 IGBT 模块为 MOSFET 结构,IGBT 的栅极通过一层氧化膜与发射极实现电隔离。由于此氧化膜很薄,其击穿电压一般为 20~30 V,因静电而导致栅极击穿是 IGBT 失效的常见原因之一。在使用模块时,尽量不要用手触摸驱动端子部分,当必须要触摸模块端子时,要先将人体或衣服上的静电用大电阻接地进行放电后再触摸。

在应用中有时虽然保证了栅极驱动电压没有超过栅极最大额定电压,但栅极连线的寄生电感和栅极与集电极间的电容耦合,也会产生使氧化层损坏的振荡电压。IGBT 在关断时,由于逆变电路中存在电感成分,关断瞬间产生尖峰电压。如果尖峰电压超过 IGBT 器件的最高峰值电压,将造成 IGBT 击穿损坏。吸收回路有助于当 IGBT 关断时,吸收电感中释放的能量,以降低关断过电压。

IGBT 的过热保护一般是采用散热器(包括普通散热器与热管散热器),进行强迫散热。

5. IGBT 并联二极管

在逆变桥中每个逆变管都反向并联一个二极管,如图 2-23 所示。其主要作用是为感性负载能量回馈提供回路。

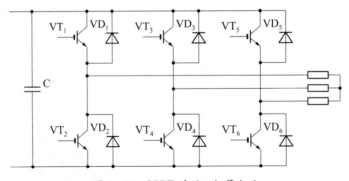

图 2-23　IGBT 并联二极管电路

例如电动机,其定子可等效为电阻和电感,电流将会滞后于电压的变化。当电流与电压的方向相反时,此时绕组的自感电动势(反电动势)克服电源做功(磁场做功),这时电流将通过并联二极管流向直流回路,给电容充电。

如果没有反向并联二极管,则因为逆变管只能单向导通,绕组的磁场无法与电源交换能量,电动机的电流波形将发生畸变。

任务实施

小组合作检测 IGBT 元器件。

1. 任务准备

（1）试验器材：IGBT 元器件。

（2）专用工具：数字式万用表、试灯。

2. 安全注意事项

小组分工明确，遵守新能源汽车操作安全提示。

3. 任务实施过程

IGBT 检测的步骤及方法如表 2-6 所示。

表 2-6　IGBT 检测的步骤及方法

步　骤	实 施 方 法
（1）栅极检测	① 选择数字式万用表二极管挡位 ② 红表笔测量栅极，黑表笔测量集电极和发射极 ③ 交换表笔再测量，正常都不通，因为栅极有绝缘层 检查情况_____
（2）集电极检测	① 万用表选择二极管挡位 ② 红表笔测量集电极，黑表笔测量发射极，正常不通 ③ 交换表笔再测量，正常应导通，因为集电极与发射极之间并联有高压续流二极管 检查情况_____
（3）驱动检测	当给 IGBT 的栅极-发射极加上一定的正向电压，此电压一般为12～15 V，集电极与发射极导通。当把 IGBT 的栅极正向电压取消后，其集电极与发射极仍然导通。为了使集电极与发射极截止，必须对栅极放电，将栅极与发射极连接，此时集电极与发射极截止。 ① 将 IGBT 的发射极连接蓄电池负极 ② 试灯一端接蓄电池正极，另一端接 IGBT 集电极 ③ 给栅极加上 12 V 电压，集电极与发射极导通，试灯点亮 ④ 断开栅极 12 V 电压，试灯仍然点亮 ⑤ 将栅极连接蓄电池负极，将栅极电荷放电后，试灯熄灭

（续表）

步　骤	实　施　方　法
	 手指触碰　C　空载电压15 V　恒流3A　G　E 检查情况_____

IGBT 功率驱动模块故障检修

任务描述

一辆北汽 EV160 新能源汽车，车辆无法行驶，读取故障码显示驱动 IPM 故障。经初步检查可能是电动机控制器 IGBT 功率驱动模块故障，请按规范进行检修。

任务目标

（1）能通过小组合作，认识 IGBT 功率驱动模块引脚，并说明其含义。

（2）能通过电机控制器独立检测 IGBT 功率驱动模块，并判断其工作性能好坏。

知识链接

IGBT 模块是由 IGBT 与 FWD 续流二极管芯片通过特定的电路桥接封装而成的模块化半导体产品，具有节能、安装维修方便、散热稳定等特点。

2.3.1　DC-AC 逆变器工作原理

1. 电动机的驱动控制

1）IGBT 功率驱动模块电路

电动汽车驱动电机控制器一般采用典型的三相桥式电压源逆变电路，功率模块是实现直流交流转化的关键部件，用于电动机的驱动或制动时的能量回收。

每一相输出线和正负直流母线之间各连接一个 IGBT 功率管。连接正极母线的 IGBT 与输出端节点为上桥臂；连接负极母线的 IGBT 与输出端节点为下桥臂。每一相的上、下桥臂统称为半桥，其控制电路如图 2-24 所示。

2）IGBT 功率驱动模块工作原理

当 MG ECU 控制 IGBT3/IGBT5 导通时，给电机 V/W 相供电，如图 2-25 所示；当 MG ECU 控制 IGBT1/IGBT6 导通时，给电机 U/W 相供电，如图 2-26 所示；当 MG ECU 控制 IGBT2/IGBT4 导通时，给电机 V/U 相供电，如图 2-27 所示。

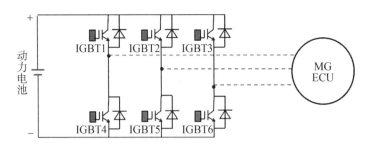

图 2-24 IGBT 功率驱动模块电路

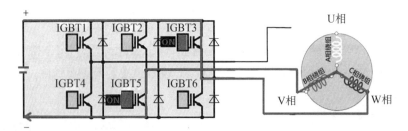

图 2-25 电机 V/W 相供电

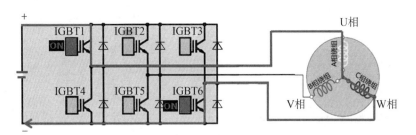

图 2-26 电机 U/W 相供电

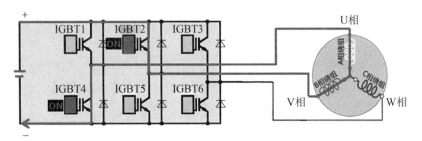

图 2-27 电机 V/U 相供电

MG ECU 不仅控制 IGBT 开关元件的导通与断开,还控制定子绕组的供电频率、电压和电流的大小,并为永磁同步电动机提供正弦波形的三相交流电。当定子绕组输入三相正弦交流电时,会产生一个旋转磁场,该磁场与转子的永磁体磁场相互作用,使转子产生电磁转矩,进而驱动电动机工作。

2. 永磁同步电动机控制器 SPWM 控制工作原理

1）正弦脉宽调制特点

正弦脉宽调制（sine pulse width modulation，SPWM），是靠改变脉冲宽度来控制输出电压，通过改变周期来控制其输出频率。而输出频率的变化可通过改变此脉冲的调制周期来实现。这样，使调压和调频两个作用配合一致，与中间直流环节无关，因而加快了调节速度，改善了动态性能。

2）正弦脉宽调制基本原理

SPWM 技术就是对脉冲宽度进行调制的技术，即通过对一系列脉冲的宽度进行调制，来等效获得所需要的波形（含形状和幅值）。SPWM 变频电路也可分为电压型和电流型两种。根据正弦波频率、幅值和半周期脉冲数，准确计算 SPWM 波各脉冲宽度和间隔，据此控制变频电路中开关器件的通断，就可得到所需的 SPWM 波形。

驱动交流异步电动机的理想交流电应为三相正弦波。为了获得正弦输出电压，可把期望的一个正弦半波分成 N 等分，如图 2-28（a）所示。把正弦曲线每一等分对应的面积用一个面积与其相等的等幅脉冲来代替，如图 2-28（b）所示。这样，由 N 个等幅而不等宽的矩形脉冲所组成的波形就与正弦半波等效，而另外半波也可用同样办法等效。N 值越大，其输出电压就越接近于正弦波。

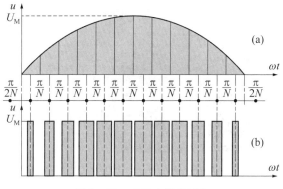

图 2-28　正弦波等效划分

理论上讲，驱动脉冲波形的宽度可用计算方法获得，以作为控制逆变器中各开关元件通断的依据。但较为实用的办法是利用调制技术，以所期望的正弦波作为调制波，而对它进行调制的信号称为载波，通常用等腰三角波调制方法来确定各分段矩形脉冲的宽度。由于等腰三角波是上下宽度线性对称变化的波形，以它作为调制的载波信号，当它与任何一个光滑的曲线相交时，即可得到一组等幅而脉冲宽度正比于该曲线函数值的矩形脉冲。

正弦脉宽调制是通过求正弦波和三角波的交点得到的。取正弦波作为控制信号，它与三角载波相比较后所得到的即是一组宽度按正弦规律变化的矩形脉冲。这种调制方式称为正弦脉宽调制，简称 SPWM，如图 2-29 所示。

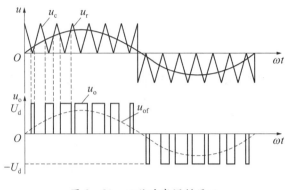

图 2-29　正弦脉宽调制原理

2.3.2　IGBT 模块结构与工作原理

1. IGTB 模块结构

IGTB 模块的结构主要由衬底、基板、键合线、ICBT 芯片等组成,如图 2-30 所示。

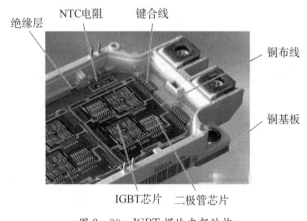

图 2-30　IGBT 模块内部结构

1)衬底

IGBT 主要采用 DCB(直接覆铜)衬底,衬底包括绝缘陶瓷及其附着的铜。纯铜在高温下熔化,然后通过扩散过程附着在陶瓷上,具有很高的黏合强度。DCB 用于铜表面涂层或再在铜表面镀镍。

2)基板

基板通常由铜制成,厚度为 3~8 mm,并且具有 3~10 mm 的镀镍层。

3)键合线

键合线的材质根据现在的工艺,以金属铝为主,键合线是通过超声波焊接的方式连接。

4）透明硅胶

模块内部填充有一定量的透明硅胶,可以增加绝缘性能,另外可以作为震动时候的缓冲。

5）IGBT 芯片连接

模块内部 IGBT 采用并联方式。该模块内部并联了 2 个 IGBT,IGBT 模块的内部结构如图 2-30 所示。芯片与芯片是独立的,它们通过键合线连接。内部集成温度传感器、电流传感器及驱动电路等功能元件,以不断提高 IGBT 模块的功率密度、集成度及智能度。

2. IGBT 模块工作原理

1）单相 IGBT 模块工作原理

对于三相电动机,每个单相 IGBT 模块驱动其中一相。每个单相 IGBT 模块内含上下半桥两个 IGBT 芯片,每个 IGBT 芯片包含三个电极,分别是集电极 C、发射极 E 和栅极 G,其电路连接如图 2-31 所示。

其中下半桥 IGBT 芯片的集电极 C 和上半桥 IGBT 芯片的发射极 E 相连,形成输出端子 OUT,上半桥 IGBT 芯片的集电极和下半桥 IGBT 芯片的发射极 E 分别为该 IGBT 模块的输入正极和负极,另外还设计有栅极驱动端子。其中 4～5 驱动上半桥 IGBT 芯片,6～7 驱动下半桥 IGBT 芯片,如图 2-32 所示。

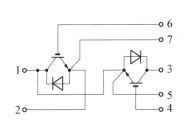

图 2-31　单相 IGBT 模块电路连接

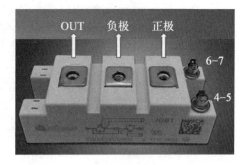

图 2-32　单相 IGBT 模块端子

2）电压型三相桥式 IGBT 模块工作原理

三个单相逆变电路组成一个三相桥式逆变电路,如图 2-33 所示。

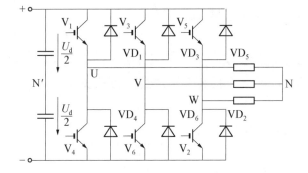

图 2-33　三相桥式 IGBT 模块电路

三相桥式 IGBT 模块高压电源端连接母线电容,经过 IGBT 控制,把高压直流转变为三相正弦交流 U/V/W 输出,控制电机工作,其总成如图 2-34 所示。三相桥式 IGBT 模块内部的 IGBT 芯片、高压续流二极管及驱动端子如图 2-35 所示。

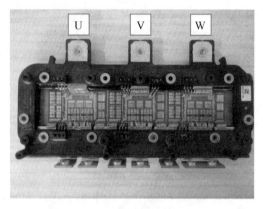

图 2-34　三相桥式 IGBT 功率驱动模块总成

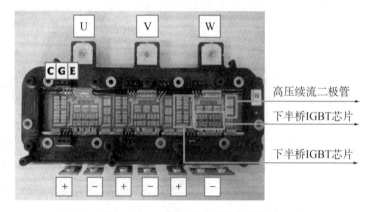

图 2-35　三相桥式 IGBT 模块芯片

🏠 任务实施

小组合作检测 IGBT 功率驱动模块。

1. 任务准备

(1) 车辆、台架:新能源汽车电动机驱动系统实训台架、电动机控制器。

(2) 专用工具:世达 150 件套拆装工具、数字式万用表。

2. 安全注意事项

(1) 确定实训台架处于安全状态。

(2) 小组分工明确,遵守新能源汽车操作安全提示。

3. 任务实施过程

IGBT 功率驱动模块检测步骤及方法如表 2-7 所示。

表 2-7　IGBT 功率驱动模块检测步骤及方法

步　　骤	实 施 方 法
（1）检测 IGBT 功率驱动模块	① 选择数字式万用表二极管挡位 ② 两表笔分别测量 IGBT 功率驱动模块的正负极电源，交换表笔再次测量，正常应一次通，一次不通 ③ 导通时，红表笔连接的是 IGBT 功率驱动模块的负极，黑表笔连接的是 IGBT 功率驱动模块的正极 检查情况_____
（2）检测上半桥 IGBT 芯片	① 选择数字式万用表二极管挡位 ② 黑表笔测量 IGBT 功率驱动模块的正极供电电源，红表笔分别测量 IGBT 功率驱动模块的 U/V/W 输出，正常应导通 ③ 交换表笔再次测量，正常应不导通 检查情况_____
（3）检测下半桥 IGBT 芯片	① 选择数字式万用表二极管挡位 ② 红表笔测量 IGBT 功率驱动模块的负极供电电源，黑表笔分别测量 IGBT 功率驱动模块的 U/V/W 输出，正常应导通 ③ 交换表笔再次测量，正常应不导通 检查情况_____

任务 2.4　IGBT 驱动电路过流故障检修

 任务描述

　　一辆北汽 EV160 新能源汽车,车辆无法行驶,读取故障码显示 MCU MOSFET 驱动电路过流故障(U/V/W)。经初步检查可能是电动机控制器 IGBT 驱动电路板故障,请按规范进行检修。

任务目标

　　(1) 能小组合作,就电机控制器驱动电路板认识 IGBT 驱动电路主要元器件。
　　(2) 能独立查找 IGBT 驱动芯片资料,分析驱动芯片工作过程,检测驱动电路常见故障。

知识链接

　　IGBT 过流时回路电感较大,电流爬升缓慢(相较于短路),IGBT 不会发生退饱和现象。所以需要靠电流传感器来感知电流的数值,对系统进行保护。
　　电流传感器检测主要采用闭环霍尔电流传感器进行采样。受限于霍尔传感器的频带宽度及控制采样电路的延迟,实时性可能还有待提高。
　　除了通过电流传感器来采集电流之外,还可以在驱动电路中引入过流检测电路 V_{ce} 饱和压降检测。V_{ce} 饱和压降检测可采用 IGBT 驱动芯片的去饱和 Desat 检测功能。

2.4.1　IGBT 驱动过流故障分析

　　(1) 电机控制器输出端三相线出现短路,导致过电流。
　　(2) 电动车出现冲击负载或者电动车爬坡出现驱动电机堵转时,导致驱动电机的两相长时间接通,相线电感饱和,导致过电流。
　　(3) 电机控制器电源侧缺相、输出侧断线、电动机内部故障引起过电流故障。
　　(4) 驱动电机受电磁干扰的影响,漏电流变大,产生轴电流、轴电压,引起电机控制器过电流。

（5）电机控制器的控制电路遭到电磁干扰，导致控制信号错误，速度反馈信号丢失或非正常时，会引起过电流。

（6）短时间内 IGBT 电流值变化过大也会导致过电流，如瞬时断电，电流产生尖峰，导致 IGBT 过电流。

2.4.2　IGBT 驱动电路分析

1. IGBT 驱动电源

IGBT 模块正常工作时，各个 IGBT 因时序分离，其驱动电压都由独立隔离变压器提供，如图 2-36 所示。上半桥 IGBT 驱动都设计有独立的驱动电源，下半桥 IGBT 可以使用独立驱动电源，也可以共用一个驱动电源。

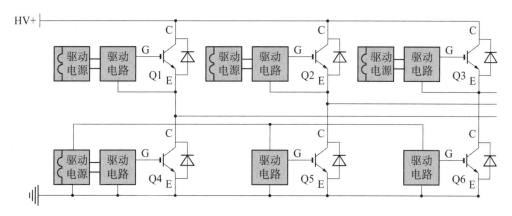

图 2-36　IGBT 驱动电源结构

2. IGBT 驱动电压

IGBT 驱动控制电路板根据功能不同需要提供相应不同的电压，主控芯片工作电压为 3.3 V，运算放大器、传感器工作电压为 5 V，IGBT 驱动电压为 15 V，如图 2-37 所示。

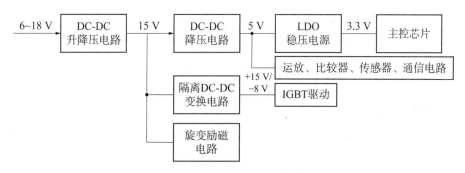

图 2-37　IGBT 驱动电路板电压

3. IGBT 驱动电路

1) 正向电压与负偏电压

IGBT 栅极耐压一般在 ± 20 V 左右,正向电压 U_{GE} 一般为 15 V。为了能够可靠关闭 IGBT,要给栅极加一负偏电压。负偏电压 U_{GE} 一般以 -5 V 或 -8 V 为宜,其电路设计如图 2 - 38 所示。

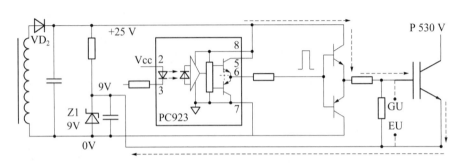

图 2 - 38   IGBT 栅极驱动电路设计

在驱动电路中,当光耦有信号输入时,PC923 的第 6 脚输出高电位,IGBT 的栅极连接 25 V 稳压二极管,发射极连接 9 V 稳压二极管,栅极-发射极之间驱动电压为 16 V,IGBT 饱和导通。

当光耦没有信号输入时,PC923 的第 6 脚输出低电位,IGBT 的栅极连接电源 0 V,发射极连接 9 V 稳压二极管,栅极电压相对于发射极为 -9 V,保证 IGBT 顺利关断。

2) IGBT 驱动电流

尽管 IGBT 所需驱动功率很小,但由于 MOSFET 存在输入电容,开关过程中需要对电容充放电,因此驱动电路的输出电流应足够大。IGBT 导通后,驱动电路应提供足够的电压、电流幅值,使 IGBT 在正常工作及过载情况下不致退出饱和而损坏。对于大功率 IGBT,此电流容量应满足 2 A。

3) IGBT 驱动电阻

驱动电阻对工作性能有较大的影响,驱动电阻较大,有利于抑制 IGBT 的电流上升率及电压上升率,但会增加 IGBT 的开关时间和开关损耗。驱动电阻较小,会引起电流上升率增大,使 IGBT 误导通或损坏。驱动电阻的具体数据与驱动电路的结构及 IGBT 的容量有关,一般在几欧到几十欧之间,小容量 IGBT 的驱动电阻值较大。

4. 米勒电容钳位

IGBT 工作时,在栅极、集电极、发射极处均存在电容,如图 2 - 39 所示。其中栅极-集电极电容对 IGBT 的工作影响最大,该电容被称为米勒电容。

米勒电容在单电源栅极驱动过程中非常显著。基于栅极 G 与集电极 C 之间的耦合,在 IGBT 关断期间会产生一个很

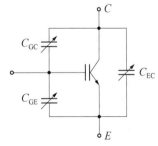

图 2 - 39   米勒电容

高的瞬态 dV/dt，这样会引发栅极 VGE 间电压升高而导通，这里存在着潜在的风险。

如图 2-40 所示，IGBT(S1)在导通时，S1 会产生一个变化的电压 dV/dt，这个电压通过 IGBT(S2)。电流流经 S2 的寄生米勒电容 C_{cg}、栅极电阻 Rg 和内部驱动栅极电阻 R_{DRIVER}，这个产生的电流使栅极电阻两端产生电压差。这个电压差如果超过 IGBT 的栅极驱动门限阈值，将导致寄生导通。

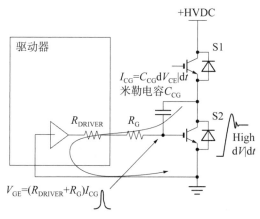

图 2-40　米勒电容的影响

米勒效应是无法避免的，只能选择合适的方法来对其进行减缓。

1) 采用独立的栅极导通和关断电阻

栅极导通电阻 R_{GON} 会影响 IGBT 导通期间的栅极充电电压和电流；增大该电阻将减小栅极充电的电压和电流，但会增加导通损耗。

米勒电容引起的导通可以通过减小关断电阻 R_{GOFF} 实现有效抑制。较小的 R_{GOFF} 能减少 IGBT 的关断损耗，然而需要付出的代价是在关断期间，由于杂散电感会产生很高的过压尖峰和栅极震荡，如图 2-41 所示。

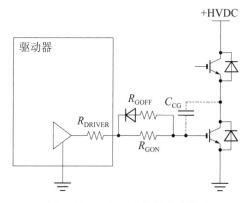

图 2-41　栅极驱动电阻电路设计

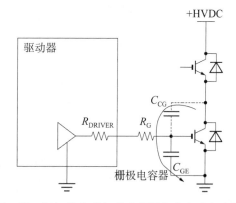

图 2-42　栅极 G 和射极 E 之间增加电容的电路设计

2) 在栅极 G 和发射极 E 之间增加电容

在栅极和发射极之间增加电容 C_{GE}，如图 2-42 所示。电容 C_{GE} 会影响到 IGBT 开关的性能,因为电容 C_{GE} 分担了米勒电容产生的栅极充电电流,栅极充电要达到栅极驱动的电压阈值就需要产生更多的电荷。

3) 采用负压驱动

采用栅极负电压来提高门限电压,如图 2-43 所示。此电路设计保证了关断的可靠性,特别是 IGBT 模块在 100A 以上的应用中,是很典型的运用。

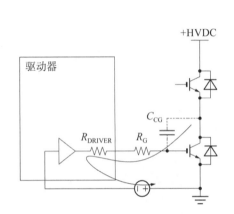

图 2-43　负压驱动电路设计

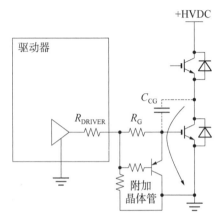

图 2-44　有源米勒钳位电路设计

4) 栅极有源钳位

要想避免 R_g 优化、C_{ge} 损耗和效率、负电源供电成本增加等问题,另一种方法是使栅极和发射极之间发生短路,这种方法可以避免 IGBT 不经意地打开。具体操作方法是在栅极与发射极之间增加三极管,如图 2-44 所示。当 U_{ge} 电压达到某个值时,栅极与发射极的短路开关三极管将被触发。这时,流经米勒电容的电流将被增加的三极管截断而不会流向 VOUT,这种技术被称为有源米勒钳位技术。

5. IGBT 驱动隔离电路

IGBT 多用于高压场合,要求有足够的输入、输出电隔离能力,所以驱动电路应与整个控制电路在电位上严格隔离,一般采用高速光耦合隔离或变压器耦合隔离。

1) 脉冲变压器驱动

脉冲变压器驱动电路如图 2-45 所示,$V_1 \sim V_4$ 组成脉冲变压器的一次侧驱动电路,

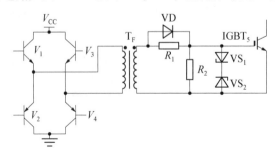

图 2-45　脉冲变压器驱动

通过控制 V_1、V_4 和 V_2、V_3 的轮流导通,将驱动脉冲加至变压器的初级侧,次级侧通过电阻 R_1 与 $IGBT_5$ 栅极相连,R_1、R_2 防止 $IGBT_5$ 栅极开路并提供充放电回路,R_1 上并联的二极管为加速二极管,用以提高 $IGBT_5$ 的开关速度,稳压二极管 VS_1、VS_2 的作用是限制加在栅极端的电压,避免过高的栅射电压击穿栅极。

2) 光耦隔离驱动

光耦隔离驱动电路如图 2-46 所示。由于 IGBT 是高速器件,所选用的光耦必须是小延时的高速型光耦,由 PWM 控制器输出的方波信号加在三极管 V_1 的基极,V_1 驱动光耦将脉冲传递至整形放大电路 IC1,经 IC1 放大后驱动由 V_2、V_3,输出经电阻 R_1 驱动 IGBT,R_3 为栅射结保护电阻,R_2 与稳压管 VS_1 构成负偏压产生电路。

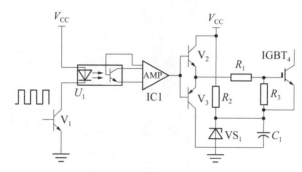

图 2-46 光耦隔离驱动

3) IC 驱动

IC 直接驱动是最简单的驱动方式,如图 2-47 所示。如果 IC 没有较大的驱动峰值电流,那么 IGBT 导通速度比较慢,就达不到理想效果,此时可以使用推挽驱动,如图 2-48 所示。推挽驱动的电路优势是可以提升电流供给能力,并迅速完成对栅极输入电容电荷的充电过程。

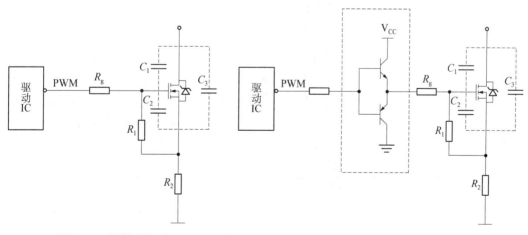

图 2-47 IC 直接驱动   图 2-48 推挽驱动

2.4.3　IGBT过流保护电路分析

逆变的核心就是 IGBT。IGBT 作为主回路的功率开关管,需要实时监测 IGBT 电压、电流及温度等,这样能保证 IGBT 的在工作过程中,不易出现损坏情况。

1. 电流传感器

电流传感器(见图 2-49)监控电机控制器 U/V/W 输出电流的大小,电机 ECU 根据此信号实现电机的转矩控制。

U相电流传感器 ←

图 2-49　电流传感器

2. IGBT 的过流保护功能

过流检测利用 IGBT 本身在出现退饱和的情况下,检测 U_{ce} 电压变化来实现,通常需要带保护的驱动芯片来实现完成该功能。

IGBT 正常导通时,U_{ce} 的电压压降一般要求小于 7 V。DESAT 保护是 IGBT 正常工作时过压检测电路,它只检测 IGBT 正常导通时 U_{ce} 的电压是否超过 7 V,如果 IGBT 正常导通过程中因为通过电流过大或 IGBT 因为未饱和导通等原因,导致 IGBT 集电极电压升高至 7 V,证明 IGBT 过流,驱动芯片开启过流(DESAT)保护功能。当驱动芯片的 DESAT 管脚电压超过参考阈值电压时,驱动芯片进入软关断工作状态,实现 IGBT 功率器件的关断,保护功率电路,如图 2-50 所示。

2.4.4　英飞凌 IGBT 驱动芯片分析

英飞凌 1ED020I12FTA 是 PG-DSO-20 封装中的电流隔离单通道 IGBT 驱动器,提供典型的 2A 输出电流能力,如图 2-51 所示。所有逻辑引脚都是 5 V、CMOS 兼容的,可以直接连接至微控制器。采用集成无芯变压器技术实现了跨电流隔离的数据传输。该芯

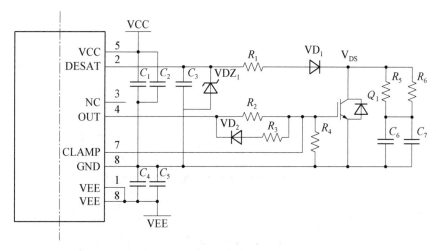

图 2-50　IGBT 的过流保护电路

图 2-51　英飞凌驱动芯片

片提供了一些保护功能，如 IGBT 二级关闭、去饱和保护、主动米勒电容钳位和主动关闭功能。

1. 主要特点

（1）单通道隔离 IGBT 驱动器。

（2）用于 600 V/1200 V IGBT。

（3）2 A 输出。

（4）Vdesat 检测。

（5）有源 Miller 电容钳位。

（6）二级关闭保护。

2. 典型应用

（1）驱动逆变器用于 HEV 和 EV。

（2）辅助逆变器用于 HEV 和 EV。

（3）大功率 DC/DC 逆变器。

3. 结构图

英飞凌 1ED020I12FTA 驱动芯片结构如图 2-52 所示。

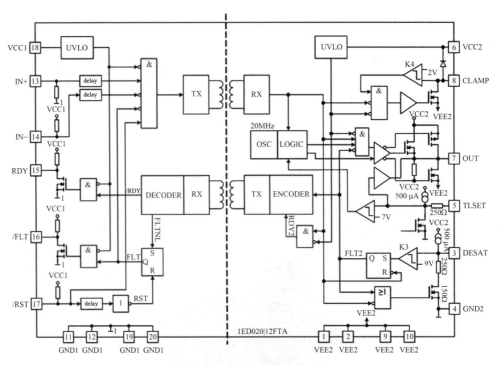

图 2-52　英飞凌驱动芯片结构

4. 引脚配置

英飞凌驱动芯片的引脚配置如表 2-8 所示。

表 2-8　引脚配置

序号	引脚名称	含义	说　　明
1	VEE2	负电源输出侧	
2	VEE2	负电源输出侧	
3	DESAT	去饱和保护	监测 IGBT 饱和电压(V_{CE})，以检测短路引起的去饱和。当 DESAT 电压上升并达到 9 V 时，输出被驱动为低，同时 FAULT 输出被激活
4	GND2	信号搭铁输出侧	输出芯片的参考接地
5	TLSET	两级关闭保护	在 TLSET 上的电路调整两电平关闭时间
6	VCC2	正电源输出侧	输出侧正电源引脚
7	OUT	驱动输出	输出引脚来驱动 IGBT，电压在 VEE2 和 VCC2 之间切换。在正常工作模式下，Vout 由 IN+、IN-和/RST 控制。在错误模式（UVLO、内部错误或 DESAT）期间，Vout 被设置为 VEE2，而不依赖于输入控制信号

（续表）

序号	引脚名称	含义	说　明
8	CLAMP	米勒电容钳位	IGBT 在定义的电压下被关闭后，将栅极电压固定到接地，以避免 IGBT 的寄生开关。在关断期间，当栅极电压低于 VEE2 以下 2 V 时，栅极电压被监视，钳位输出被激活 在半桥结构中，关断 IGBT 倾向于在相反 IGBT 的开启阶段动态打开。米勒钳位允许在这种高 dV/dt 情况下，在低阻抗路径上下沉米勒电流。因此，在许多应用中，可以避免使用负电源电压
9	VEE2	负电源输出侧	输出芯片的负电源引脚。如果没有负电源电压，所有 VEE2 引脚必须连接到 GND2
10	VEE2	负电源输出侧	输出芯片的负电源引脚。如果没有负电源电压，所有 VEE2 引脚必须连接到 GND2
11	GND1	搭铁输入侧	
12	GND1	搭铁输入侧	
13	IN+	驱动输入	如果 IN－设置为低，IN＋则用于驱动程序输出控制信号。（如果 IN＋为高且 IN－为低，则 IGBT 导通）
14	IN－	驱动输入	如果 IN 设置为高，IN－则用于驱动器输出控制信号。（IGBT 是开着的，如果 IN－为低，IN＋为高）
15	RDY	准备输出	报告设备的正确操作（RDY＝高，如果两个芯片都高于 UVLO 电平，内部芯片传输是无故障的）
16	FLT	故障输出 低位有效	报告 IGBT 的去饱和误差（如果发生去饱和，FLT 很低）
17	RST	复位输出 低位有效	功能 1：启用/关闭输入芯片。（如果/RST＝低，则 IGBT 关闭） 功能 2：如果 RST 在一段时间内处于较低的状态，则重置芯片的 DESAT-FAULT 状态
18	VCC1	正电源输入侧	输入芯片 5 V 电源
19	GND1	搭铁输入侧	
20	GND1	搭铁输入侧	

🏠 任务实施

识别 IGBT 功率模块驱动电路。

1. 任务准备

（1）车辆、台架：新能源汽车电动机驱动系统实训台架、电动机控制器。

（2）专用工具：世达 150 件套拆装工具、数字万用表。

2. 安全注意事项

（1）确定实训台架处于安全状态。

（2）小组分工明确，遵守新能源汽车安全提示操作。

3. 任务操作过程

识别 IGBT 的具体步骤及方法如表 2-9 所示。

表 2-9　识别 IGBT 的具体步骤及方法

步　骤	实　施　方　法
（1）识别 U/V/W 相电流传感器	 标识 U/V/W 相电流传感器位置
（2）识别 IGBT 驱动电源变压器	

（续表）

步　骤	实　施　方　法
	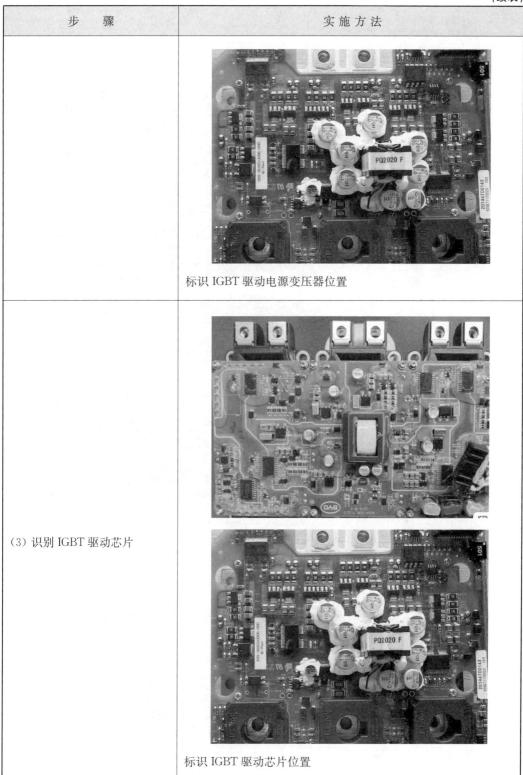 标识 IGBT 驱动电源变压器位置
（3）识别 IGBT 驱动芯片	标识 IGBT 驱动芯片位置

（续表）

步　骤	实　施　方　法
（4）识别并测量 IGBT 驱动推挽放大三极管或 MOS 管	　① 标识 IGBT 驱动推挽放大三极管 ② 测量推挽放大三极管 将数字式万用表选择二极管挡位，红表笔测量基极，黑表笔分别测量集电极与发射极，正常 NPN 结构三极管的基极对集电极、发射极的正向电阻是 430～680 Ω（硅管），反向电阻无穷大。并且基极与发射极的测试电阻比基极与集电极的测试电阻大 1～20 Ω（大功率管比较明显），如果超出这个值，这个元件的性能已经变坏，请不要再使用。 注：有的车型推挽放大三极管直接内置于 IGBT 驱动芯片内部 ③ 测量推挽放大三极管与 IGBT 驱动芯片的导通性 万用表选择 200 Ω 挡位，测量三极管基极至驱动电阻，正常应导通；测量驱动电阻至 IGBT 驱动芯片所有针脚，正常应有一个导通；测量三极管发射极至 IGBT 驱动针脚，正常应有一个导通

（续表）

步　骤	实 施 方 法
（5）检测 IGBT 驱动电阻	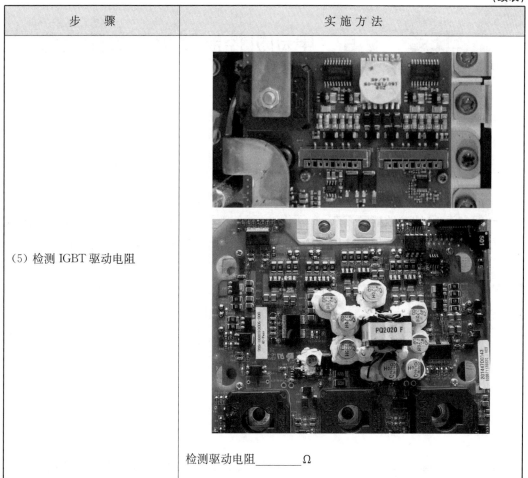 检测驱动电阻_____Ω

任务 2.5　电动机控制器欠压故障检修

 任务描述

　　一辆北汽 EV160 新能源汽车,车辆无法行驶,读取故障码显示电动机控制器欠压故障。经初步检查后,可能是母线电容或高压检测电路产生故障,请按规范进行检修。

任务目标

　　(1) 能独立查阅维修手册,说明电动机控制器欠压故障原因。
　　(2) 能通过小组合作来实现针对电机控制器母线电容的检测,并排除高压检测电路的故障。

知识链接

　　电动机控制器工作时,直流母线电压容易产生波动,所以需要监控直流母线电压来进行直流母线欠压和过压保护。电动机控制器欠压故障通常与母线电压监控电路、母线电容器有关。

2.5.1　电动机控制器安全保护设计

1. IGBT 欠压保护

　　一般情况下,IGBT 栅极驱动电压须达到 15 V 才能使 IGBT 进入深度饱和。如果栅极驱动电压低于 13 V,在大电流时,集电极和发射极之间过高的导通压降将会使 IGBT 芯片温度急剧上升。当栅极驱动电压低于 10 V 时,IGBT 将工作在线性区并且很快因过热而烧毁。为确保 IGBT 的栅极驱动电压不会低于 13 V,电动机控制器应具有欠压检测及保护功能。在检测到欠压保护时,控制器会自动关断 IGBT,并将故障信号上传到控制器。

2. IGBT 短路保护及软关断

　　IGBT 在发生短路时,通常因关断保护不及时而造成损坏,或者在关断过程中因尖峰电压过高击穿损坏。电动机控制器应具有高级软关断功能,能确保 IGBT 发生短路时在 10 μS 内进行保护。IGBT 在关断的过程中采用了软关断保护。从而使关断的过电压尖峰较低,避免 IGBT 被过电压击穿。

3. IGBT 过温检测及保护

电动机控制模块中,内部的 NTC 热敏电阻可以用于检测 IGBT 温度。在实际使用中,驱动器将同时采集 IGBT 三个半桥模块上的温度信号,并转换成电压信号,通过比较电路将温度升高对应的电压通过隔离芯片输出,实时监控 IGBT 工作温度。当 IGBT 温度过高时,可由控制器关断 IGBT,从而避免 IGBT 发生热击穿,其中 NTC 检测温度的精度误差控制在±1%以内。

4. 母线电压检测及保护

母线电压检测通过电阻分压将母线电压转换成一定比例的低压信号,之后将该低压信号通过隔离放大器输出上传给控制器。母线电压若过高,控制器会将 IGBT 进行关断,防止 IGBT 因过压而击穿损坏。

5. 电动机温度保护

控制器监测驱动电动机温度传感器显示:120℃≤温度<140℃时,降低功率运行;温度≥140℃时,降低功率至 0,停机。

6. 控制器温度保护

控制器监测散热基板温度:85℃≥温度≥75℃时,降低功率运行;温度≥85℃时,超温保护,停机。

2.5.2　电动机控制器母线电压监控

电机 ECU 控制主板的功能有与整车控制器通信、监测直流母线电压、控制 IGBT 模块、监控高压线束连接情况、反馈 IGBT 模块温度、旋变传感器励磁供电、旋变信号分析等。

1. 电动机控制器高压电路连接

电动机控制器的高压输入电路为动力电池母线,其输出为 U/V/W 三相正弦交流电,以驱动电动机进行工作,如图 2-53 所示。

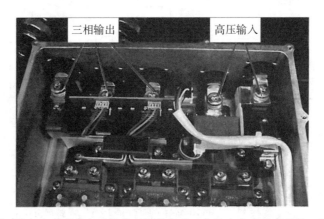

图 2-53　永磁同步电动机控制器内部的三相输出和直流高压输入母线

2. 母线电压监控

1）高压直流母线电压采样

目前直流母线电压监控主要从直流母线上进行电压采样，如图 2-54 所示。

图 2-54　高压直流母线电压采样

2）高压直流母线电压采样电阻

R_1/R_2 为高压直流母线采样分压电阻，其中，R_2 为采样电阻，R_2 电阻比 R_1 电阻小很多，保证采样电压小于 5 V，如图 2-55 所示。

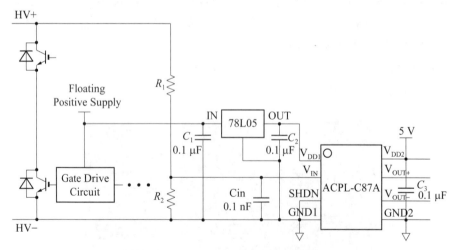

图 2-55　高压直流母线电压采样电阻

3）高压直流母线电压采样模块

采样信号从 V_{IN} 输入采样模块，通过高压隔离，通过 V_{OUT} 输出，如图 2-56 所示。

图 2-56　高压直流母线电压采样模块

2.5.3　电动机控制器母线电容工作过程

在硬件设计中有很多种电容,按照功能划分,最重要的几种电容分别是去耦电容、旁路电容以及耦合电容。

在电机控制器中,电池包的直流电作为输入电源,需要通过直流母线与电机控制器连接,该方式称为 DC-LINK 或者直流支撑。由于电机控制器从电池包得到有效值或者峰值很高的脉冲电流的同时,会在直流支撑上产生很高的脉冲电压使得电机控制器难以承受,所以需要选择母线电容来连接,该电容称为母线电容或者支撑电容。

1. 母线电容作用

1）平滑母线电压

电动车在行驶过程中,由于频繁地加速、减速和上下坡等原因,使得负载电流变化比较大。当负载电流太大以至于超过动力电池所能承受的最大放电或充电电流时,为了避免电池组过放电或过充电,需要由母线电容放电或充电,以便改善电池组的工作状态,延长其使用寿命。

当车辆起步时,母线电容中应当储存较多的能量,需要母线电容放电,保证电动车的加速性能。而当车辆在高速行驶的情况下,母线电容应当储存比较少的能量,以便在制动过程中回收较多的能量。

母线电容吸收电机控制器母线端的高脉冲电流,使电机控制器的母线电压在 IGBT 开关时保持平滑。

2）削弱母线的尖峰电压

降低电机控制器 IGBT 端到动力电池端线路的电感参数,削弱母线的尖峰电压。

2. 母线电容类型

母线电容由最开始的电解电容变迁到现在普遍使用的薄膜电容,如图 2-57 所示。

薄膜电容与电解电容相比,具有更良好的温度和频率特性;薄膜电容没有极性,能够承受反向电压;薄膜电容额定电压高,不需要串联平衡电阻;薄膜电容采用干式设计,没有

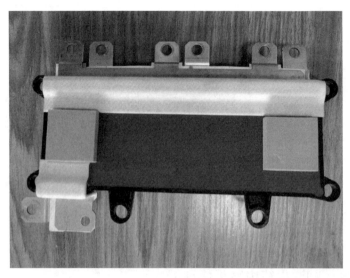

图 2-57　薄膜电容

电解液泄漏的危险,没有酸污染;薄膜电容具有更强的抗脉冲电压能力及更长的寿命。

控制器电容常见故障为电容烧损,原因有控制器电容本身或连接失效,需更换;电容击穿,原因有控制器电容正负极之间或对外壳短路,需更换。

3. 母线电容放电

母线电容的两端并联有放电电阻。放电电阻的作用是断开高压电路时,通过电阻给电容放电,如图 2-58 所示。当放电电路出现故障,会报放电超时导致高压断电故障。

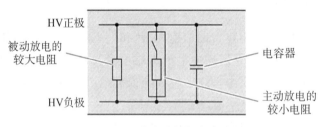

图 2-58　被动放电与主动放电

电机控制器由于薄膜电容远超过 0.2 J,目前乘用车电机控制器,一般对主动放电和被动放电均有要求。

一般被动放电就是在电容上并联一个或一组电阻,在正常工作中这个电阻也会消耗电能,目前国标要求放电时间在 5 min 以内。被动放电实际上不宜过快,放电时间要求过快,就意味着电容在放电的过程中回路电流会更大,并联电阻相对更小,在正常工作过程中也会消耗更多功率,对控制器的效率是不利的。

主动放电一般通过外加放电回路,利用电阻放电,风险小,但是需要另外增加电路和成本,目前该方案应用较多。国标规定,对于电动车碰撞后高压母线上总能量小于 0.2 J 的情况,电容主动放电时间应小于 3 s。

2.5.4　母线电容检测

电容是一种能够储存电荷的电子元件,它由两个导体之间的非导体介质组成。当电容器充电时,电荷会在两个导体之间积累,并形成一个电场。这个电场会导致两个导体之间产生一个电势差,从而形成了一个电容。

1. 电容单位

电容的单位是法拉,简称法(F)。当 1A 的充电电流流过的时间为 1 s 时,在两极间所引起的电位变化为 1 V,则该电容器的电容就是 1F。对于实际电路,法拉这个单位太大不能用作电容的单位,因此,一般用微法(μF)、皮法(pF)等单位。

$1 F = 1\,000\,mF;1\,mF = 1\,000\,\mu F$

$1\,\mu F = 1\,000\,nF;1\,nF = 1\,000\,pF$

2. 电容作用

1)储能

在电容器两极之间施加电压时,电容器内部会储存电荷。这个过程中,电荷被吸附在电容器的电极上,同时在电容器两极之间会形成一个电场。因此,电容器可以储存电荷和电能,这种储能能力在电子设备和电路中均得到广泛的应用。

2)滤波

在交流电路中,电容器可以起到滤波的作用。交流电信号通常由高频和低频信号组成,通过串联电容器,可以将高频信号滤除,只保留低频信号。这种滤波在音频设备、通信设备等方面得到了广泛的运用。

3)隔离

电容器可以对电路中不同部分之间的电信号进行隔离,以避免电路之间相互干扰。在通信、音频、视频等应用中,电容器常常用于隔离不同电路之间的电信号。

4)稳压

在直流电路中,电容器可以起到平滑电压波动的作用,从而使电路中的电压更加稳定。电容器可以充当电路的瞬时电源,吸收或释放电能,从而平滑电路中的电压波动。

5)计时

电容器在电子电路中还可以用作计时器,通过充电和放电过程来控制电路中的时序信号,以此实现各种计时和时序控制功能。

3. 电容种类

1)电解电容

电解电容是电容的一种,金属箔为正极(铝或钽),与正极紧贴金属的氧化膜(氧化铝或五氧化二钽)是电介质,阴极由导电材料、电解质(电解质可以是液体或固体)和其他材料共同组成。因电解质是阴极的主要部分,电解电容因此而得名。

电解电容具有正负极性,正负极不可接错,如图 2-59 所示。

图 2-59　电解电容

2）薄膜电容

薄膜电容是以金属箔当电极,将其和聚乙酯、聚丙烯、聚苯乙烯或聚碳酸酯等塑料薄膜从两端重叠后卷绕而成的电容器,如图 2-60 所示。

图 2-60　薄膜电容

薄膜电容的容量范围为 0.1 pF～10 μF,其具有较小公差、较高容量稳定性及极低的压电效应等特点。因此,薄膜电容是实现良好 EMI/EMC 性能的常用元件之一。

3）陶瓷电容

陶瓷电容器又称为瓷介电容器或独石电容器,其介质材料为陶瓷。根据陶瓷材料的不同,可以分为低频陶瓷电容器和高频陶瓷电容器两类。我们常见的贴片电容属于陶瓷电容,电容容量范围为 0.5 pF～100 μF,如图 2-61 所示。

图 2-61　陶瓷电容

4）超级电容

超级电容又称作"金电容"或者"法拉电容"，如图 2-62 所示。

图 2-62　超级电容

超级电容的主要优点有超高容值（电容容量范围为 0.022～70 F）、良好的充/放电特性，并且适合于电能储存和电源备份。其缺点是耐压较低、工作温度范围较窄。

4. 电容检测

电容的常见故障有短路击穿、漏电、内部开路或电容器容量减小，以及引线接触不良、容量发生变化等。

1）电阻挡检测电容

（1）万用表选择欧姆挡的合适挡位，挡位选择原则：1 μF 以下的电容用 20 kΩ，1～100 μF 的电容用 2 kΩ，大于 100 μF 的电容用 200 Ω。

（2）万用表的两表笔连接电容的两极，万用表显示从 0 慢慢增加，最后显示为 1；交换表笔再次测量，万用表显示从 0 慢慢增加，最后显示为 1，则表示电容正常。如果始终显示为 0，则表示电容内部短路；如果始终显示为 1，则表示电容内部有断路现象。

2）电容挡检测电容

（1）电容两端短接，对电容进行放电，确保数字万用表的安全。

（2）将功能旋钮开关打至电容挡，并选择合适的量程。

（3）读出显示屏上数字，与电容标准数据对比。

3）电容检测注意事项

（1）测量前电容需要放电，否则容易损坏万用表。

（2）测量后也要放电，避免埋下安全隐患。

（3）仪器本身已对电容挡设置了保护，故在电容测试过程中，不用考虑极性及电容充放电等情况。

（4）测量大电容时，稳定读数需要一定的时间。

任务实施

小组合作检测高压电容及母线电压监控电路。

1. 任务准备

（1）车辆、台架：新能源汽车电动机驱动系统实训台架、电动机控制器。

（2）专用工具：世达 150 件套拆装工具、数字式万用表。

2. 安全注意事项

（1）确定实训台架处于安全状态。

（2）小组分工明确，遵守新能源汽车操作安全提示。

3. 任务实施过程

表 2-10　检测高压电容及母线电压监控电路的具体步骤

步　　骤	实 施 方 法
（1）检查直流母线高压采样线连接是否正常	检查情况_____

（续表）

步　骤	实　施　方　法
（2）检测高压直流母线采样电阻是否正常	 电阻为＿＿＿＿＿＿
（3）检测母线电容容量	 母线电容容量为＿＿＿＿＿＿

任务 **2.6** 电动机控制器过热故障检修

任务描述

　　一辆北汽 EV160 新能源汽车,车辆无法行驶,初步检查是电动机控制器 IGBT 过热故障。经初步检查可能是电动机冷却系统或电动机温度传感器故障,请按规范进行检修。

任务目标

　　(1) 能说明电动机控制器冷却系统的组成,解释冷却控制系统的工作原理。
　　(2) 能查阅维修手册,解释电动机控制器冷却系统故障码含义,制订检修计划。
　　(3) 能通过小组合作,按照维修手册标准,排除电动机控制器冷却系统故障。

知识链接

　　新能源汽车电机、电机控制器都需要冷却散热,MCU 必须对 IGBT 驱动控制电路板进行温度检测、IGBT 功率模块温度检测、电机温度检测等操作。

2.6.1　纯电动汽车冷却系统组成

　　纯电动汽车关键零部件电池、电动机、电动机控制器及充电机的工作效率不能达到100%,在能量转化过程中产生大量的热量。这些产生的热量如果不能够及时地散发出去,将导致车辆限扭运行,甚至导致零件损坏。
　　纯电动汽车冷却系统如图 2-63 所示,其功用是将电动机、电动机控制器及充电机产生的热量及时散发出去,保证其在要求的温度范围内稳定高效地工作。

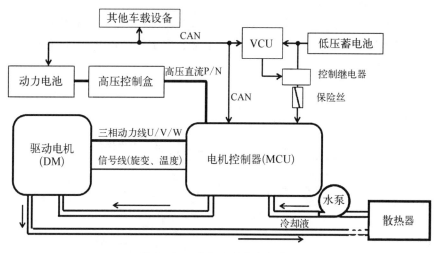

图 2-63　纯电动汽车冷却系统

2.6.2　纯电动汽车冷却系统工作过程

纯电动汽车冷却系统主要由电动水泵、散热器、风扇、水管和冷却液等组成。

1. 电动水泵

1）结构

电动水泵采用的是永磁无刷直流电动机,整个部件中没有动密封,浮动式转子与叶轮注塑成一体。严禁电动水泵在没有冷却液的情况下空载运行,否则会致使转子、定子出现磨损,最终会造成水泵的损坏。

2）作用

电动水泵属于冷却液循环的动力元件,如图 2-64 所示。电动水泵的作用是对冷却液加压,促使冷却液在冷却系统中循环,带走系统散发的热量。

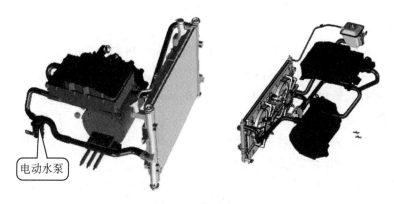

图 2-64　电动水泵

3）电动水泵的控制逻辑

电动水泵的工作受电动机控制器 IGBT 温度、电动机温度或充电机温度控制，如图 2-65 所示。只要以上 3 个温度值任意一个达到水泵开启工作的设定值，水泵就会运行。水泵工作温度如表 2-11 所示。

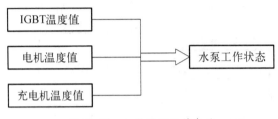

图 2-65　电动水泵工作条件

表 2-11　电动水泵工作温度

控制器	内　　容	参数/℃
水泵	水泵开启的 IGBT 温度值	45
	水泵停止的 IGBT 温度值	35
	水泵开启的电动机温度值	60
	水泵停止的电动机温度值	50
	水泵开启的充电机温度值	50
	水泵停止的充电机温度值	40

2. 电子风扇

电子风扇的作用是提高流经散热器、冷凝器的空气流速和流量，以增强散热器的散热能力，并冷却发动机舱其他部件。

电子风扇采用两档调速风扇，整车控制器根据电动机控制器、空调压力等参数控制风扇运行，其电路如图 2-66 所示。

电子风扇的控制受 IGBT 温度、电动机温度及充电机温度控制，如图 2-67 所示。其工作分为 3 个阶段。电子风扇具体工作温度如表 2-12 所示。

（1）第一阶段，风扇不转。当 IGBT、电动机及充电机的温度值都还没有达到启动风扇工作的温度值时，风扇不转。

（2）第二阶段，风扇低速转动。当 IGBT、电动机及充电机中任意一部件的温度值达到启动风扇低速转动的温度，风扇启动并低速转动。

（3）第三阶段，风扇高速转动。当 IGBT、电动机及充电机中任意一部件的温度值达到启动风扇高速转动的温度，风扇高速转动。

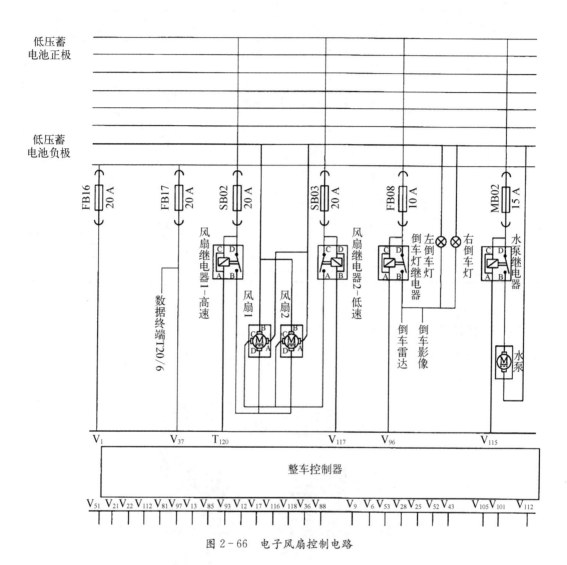

图 2-66　电子风扇控制电路

图 2-67　风扇工作条件

表 2‑12　电子风扇工作温度

控制器	内　　容	参数/℃
风扇控制	低速风扇开启的 IGBT 温度值	55
	高速风扇开启的 IGBT 温度值	65
	低速风扇停止的 IGBT 温度值	50
	高速风扇停止的 IGBT 温度值	60
	低速风扇开启的电动机温度值	75
	高速风扇开启的电动机温度值	80
	高速风扇停止的电动机温度值	75
	低速风扇停止的电动机温度值	70
	低速风扇开启的车载充电机温度值	80
	低速风扇停止的车载充电机温度值	70

3. 膨胀水箱

膨胀水箱如图 2‑68 所示,其作用是为冷却系统冷却液的排气、膨胀和收缩提供受压容积,补充冷却液和缓冲热胀冷缩的变化,同时也作为冷却液加注口,所以膨胀水箱不要加液过满。

图 2‑68　膨胀水箱

膨胀水箱位置要高于冷却系统的所有部件:目的是当冷却液受热膨胀至散热盖的蒸气阀打开时,部分冷却液随着高压蒸气通过水管进入膨胀水箱。

4. 冷却系统的冷却路径

冷却系统的冷却路径如图 2‑69 所示。

5. 冷却控制系统温度保护

1) 电动机温度保护

当控制器监测到驱动电动机温度为 120～140℃时,降功率运行;温度≥140℃时,降功

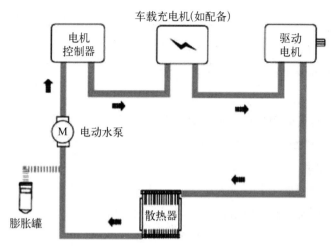

图2-69　冷却路径

率至0,并停机。

2)控制器温度保护

当控制器监测到散热基板温度为75～85℃时,降功率运行;温度≥85℃时,超温保护,并停机。

2.6.3　纯电动汽车冷却系统检查

1. 检查冷却系统

1)冷却液液位检查

纯电动汽车冷却液液位必须定期检查,检查方法与传统汽车无区别,目视检查。在冷却液处于冷状态测量时,罐内的冷却液的高度应保持在两条标记线之间。

注意:检查冷却液液位应在电动机降温后进行,在电动机未完全冷却时,打开散热器盖,可能会导致冷却液喷出,造成严重烫伤。

2)检查冷却系统有无泄漏现象

检查冷却系统各管路和各部件接口处有无泄漏现象。

3)检查水泵电源导线,是否有老化、破皮等现象。

2. 加注冷却液

如果膨胀水箱中的冷却液液位位于或低于下限刻度线,则应添加冷却液,使液位上升到上限刻度线。

注意:只可添加原厂指定型号的防冻冷却液。若添加不同型号的冷却液,或直接加水,会使得冷却系统发生锈蚀和产生沉淀物。切勿向冷却系统内添加任何防锈剂或其他添加物,因为添加物可能与冷却液或电动机组件不相容。

任务实施

小组合作检查北汽 EV160 实训整车的冷却系统。

1. 任务准备

(1) 车辆、台架:新能源汽车电动机驱动系统实训台架。

(2) 专用工具:诊断仪、数字式万用表。

2. 安全注意事项

(1) 确定实训台架处于安全状态。

(2) 小组分工明确,遵守新能源汽车操作安全提示。

3. 任务实施过程

北汽 EV160 实训整车检查冷却系统的过程如表 2 - 13 所示。

表 2 - 13　整车检查冷却系统的具体过程

步　骤	实 施 方 法
(1) 使用故障诊断仪读取故障代码	① 打开点火开关 ② 连接故障诊断仪,读取系统故障代码 ③ 确认系统是否存在其他故障代码 检查情况_____
(2) 检查冷却液是否充足	① 检查冷却系统管路无弯曲、折叠、漏水现象 ② 确认膨胀罐中的冷却液是否充足,否则添加冷却液 检查情况_____
(3) 检查冷却水泵是否正常	打开点火开关,确认冷却水泵是否正常工作,优先排除冷却系统故障 检查情况_____
(4) 检查电动机温度传感器自身的电阻是否正常	其电阻为负温度系数热敏电阻,阻值随温度升高而降低,并且电阻符合维修手册标准 检查情况_____
(5) 检查电动机温度传感器信号线路是否正常	检查情况_____

项目测评

1. 在硅半导体内掺杂磷,磷的价电子为 5,用磷置换硅,此时半导体内出现多余的电子,此类型半导体称为_____型半导体。

2. 在硅半导体内掺杂硼,硼的价电子为 3,用硼置换硅,此时半导体内出现多余的空穴,此类型半导体称为_____型半导体。

3. 场效应管共有 3 个脚,分别是 G_____,D_____,S_____。

4. IGBT 绝缘栅双极型晶体管兼有 MOSFET 的_____和 GTR 的_____两方面的优点。

5. 对于 IGBT,G 表示_____,C 表示_____,E 表示_____。

6. IGBT 功率驱动模块内部填充有一定量的透明硅胶,可以增加_____性能,另外可以作为震动时候的缓冲。

7. IGBT 栅极耐压一般在_____V,正向电压一般为_____V,负偏电压可防止由于关断时浪涌电流过大而使 IGBT 误导通,一般为_____V 为宜。

8. 对于大功率 IGBT,驱动电流应满足_____A。

9. IGBT 工作时,在栅极、集电极、发射极存在电容,其中栅级-集电极电容对 IGBT 的工作影响最大,该电容称为_____电容。

10. 电机控制器常见的故障类型主要包括_____、_____、_____故障和欠压故障。

11. 电动机控制器内部的电容称为_____电容,该电容类型一般为_____电容或_____电容。

12. 电动机控制器内部放电电阻的作用是断开高压电路时,通过电阻给_____放电。

13. 电动机控制器内部的_____传感器监控电机控制器 U/V/W 输出电流的大小,电机 ECU 根据此信号实现电机转矩控制。

14. SPWM 是靠改变脉冲_____来控制输出电压,通过改变_____来控制其输出频率。

项目 3　混合动力汽车逆变器总成常见故障诊断与排除

⚡ 项目导入

项目名称		混合动力汽车逆变器总成常见故障诊断与排除		
姓名	班级		成绩	
组别	组长		场地	
日期	学时		指导教师	
任务描述		一辆 2018 款丰田卡罗拉混合动力汽车，行驶里程为 25 000 km，因车辆发生浸水，现在出现加速无力、无法倒挡行驶等现象，仪表主警告灯点亮，显示屏显示逆变器系统故障。 　　小明是丰田 4S 店的一名汽车维修工，今天接到班组长的派工单，要求在 2 个小时内完成逆变器总成故障检修。 　　请你以小组合作的形式，通过阅读维修工单，明确任务要求，查阅维修手册，确定作业流程与技术标准，在规定工期内完成增压转换器、DC‐AC 转换器、DC‐DC 转换器、逆变器绝缘等检查维修，使汽车恢复正常使用性能。自检合格后，填写维修工单，交付班组长进行质量检验，在工作过程中遵循现场工作规范。		
任务目标		(1) 能阅读并规范填写维修工单，就车确认汽车状况并记录相关信息，明确丰田卡罗拉混合动力汽车逆变器总成检查维修的项目、内容和工期要求。 (2) 能参照维修手册和前期获取的相关知识，根据厂家规定来制定丰田卡罗拉混合动力汽车逆变器总成检查维修作业流程，并进行作业前的准备工作。 (3) 能按照逆变器总成检查维修作业方案，以双人合作的方式，在规定时间内完成增压转换器、DC‐AC 转换器、DC‐DC 转换器、逆变器绝缘、逆变器温度异常等检查维修，并填写检查维修记录。 (4) 能根据企业三级检验制度，按行业竣工检验标准，对检查维修作业质量进行自检、组检和终检，在维修工单上填写质检结果并签字确认后，交付车辆。		

任务 3.1 增压转换器故障检修

任务描述

一辆 2018 款丰田卡罗拉混合动力汽车,行驶里程为 25 000 km,因车辆发生浸水,出现加速无力、无法倒挡行驶等问题,仪表主警告灯点亮,仪表显示屏显示逆变器系统故障。维修服务顾问 SA 经过诊断,显示故障码"P1C2D62 驱动电机 A 逆变器传感器信号对比故障"。请按规范进行检修。

任务目标

(1) 能根据逆变器的组成,解释逆变器增压控制系统的工作原理。
(2) 能查阅维修手册,解释逆变器增压控制系统故障码含义,制定故障检修计划。
(3) 能小组合作,执行维修手册标准,排除增压控制系统故障。

知识链接

3.1.1. 带转换器的逆变器总成概述

1. 逆变器的控制

HV ECU 根据加速踏板位置传感器信号、挡位传感器信号、蓄电池 ECU 信号、发动机 ECU 信号、制动防滑 ECU 信号及从逆变器接收的过热、过流、故障电压信号,确定车辆的行驶状态。然后通过逆变器对发电机 MG1、电动机 MG2 进行最优控制,其控制原理如图 3-1 所示。

2. 逆变器总成的结构

带有转换器的逆变器总成内部主要有增压转换器、DC-AC 转换器、DC-DC 转换器、MG ECU 组成,如图 3-2 所示。

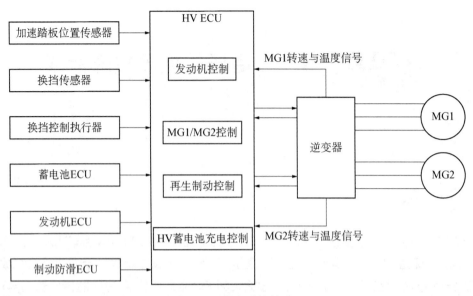

图 3-1　逆变器控制原理

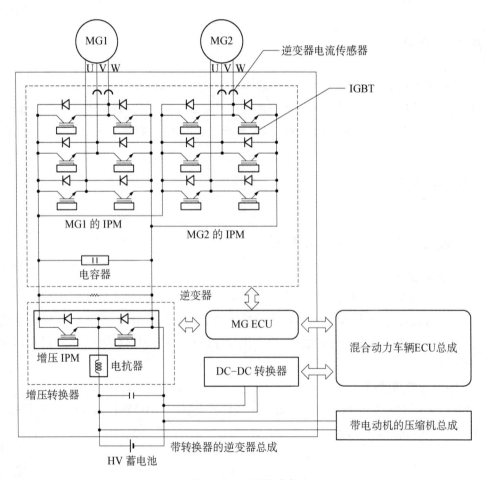

图 3-2　逆变器总成

1）增压转换器控制

MG ECU 根据 HV ECU 提供的信号,对增压转换器进行控制,将 HV 蓄电池的额定电压 DC 201.6 V 提升至最高电压 DC 650 V。同时,逆变器将 MG1 或 MG2 产生的交流转换为直流,而 MG ECU 根据混合动力车辆 ECU 所提供的信号,使增压转换器将产生的电压从直流 650 V 逐步降低至 201.6 V。

2）DC‐AC 控制

MG ECU 根据 HV ECU 提供的功率晶体管控制信号,控制 DC‐AC 转换器,把 DC 650 V 直流电压转换为 AC 650 V 交流电压,驱动电机旋转。同时,把发电机 MG1 或电动机 MG2 产生的交流电压转换为直流电压,为动力电池充电。

3）DC‐DC 控制

MG ECU 根据 HV ECU 提供的信号,来控制 DC‐DC 转换器工作,将额定电压 DC 201.6 V 转换为 DC 12 V,从而为辅助蓄电池充电。

4）MG ECU

MG ECU 根据从混合动力车辆 ECU 总成接到的信号,控制 DC‐AC 逆变器和增压转换器以驱动发电机(MG1)和电动机(MG2)。

3.1.2 增压转换器工作过程

1. 电感的作用

电感的基本作用是滤波、振荡、延迟、限波等。电感是将电能和磁场能相互转换的一种能量转换器件,当 MOS 开关管闭合后,电感将电能转换为磁场能储存起来,当 MOS 断开后,电感将储存的磁场能转换为电场能,且这个能量在和输入电源电压叠加后,通过二极管和电容的滤波后,得到平滑的直流电压提供给负载。由于这个电压是输入电源电压和电感的磁场能转换为电能的叠加后形成的,所以输出电压高于输入电压,即升压过程的完成。

2. 电感充电

IGBT 闭合,电感将电能转换为磁场能储存起来。输入电压加在电感上,此时电感由电压 U_i 激磁,电感增加的磁通为 UiTon,如图 3‐3 所示。

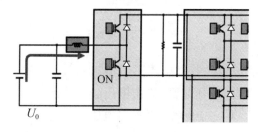

图 3‐3 电感充电

3. 电感放电

IGBT 断开,电感产生感应电动势,二极管导通,输出电流,电感消磁,电感减少的磁通为(U_0-U_i)Toff，电感将磁场能转换为电场能。当开关闭合与开关断开的状态达到平衡时，(U_0-U_i)Toff＝UiTon，由于占空比小于1，所以$U_0＞U_i$。且这个能量在和输入电源电压叠加后，通过二极管和电容的滤波后，得到平滑的直流电压提供给负载。由于这个电压是输入电源电压和电感的磁场能转换为电能的叠加后形成的，即完成升压过程，如图3－4所示。

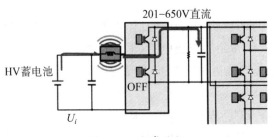

图3－4　电感放电

4. 增压转换器工作电压监控

MG ECU使用内置于增压转换器的电压传感器VL检测增压前的低压，使用内置于增压转换器的电压传感器VH检测增压后的高压，根据增压前后的电压，混合动力车辆ECU控制增压转换器的工作，将电压增高至目标电压，如图3－5所示。

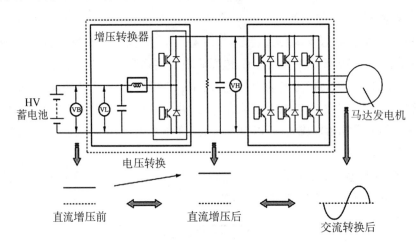

图3－5　增压控制原理

　　根据高压的变化，增压转换器电压传感器输出的电压在0和5V之间变化，电压越高，输出电压越高，如图3－6所示。MG ECU监视增压转换器电压传感器信号线路并检测故障。

5. 增压转换器工作温度监控

逆变器中的MG ECU利用内置于增压转换器的温度传感器来检测增压转换器的温度，如图3－7

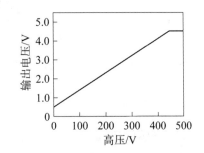

图3－6　增压电压传感器信号电压变化

所示。如果此传感器出现故障,主警告灯点亮,发动机故障指示灯点亮。

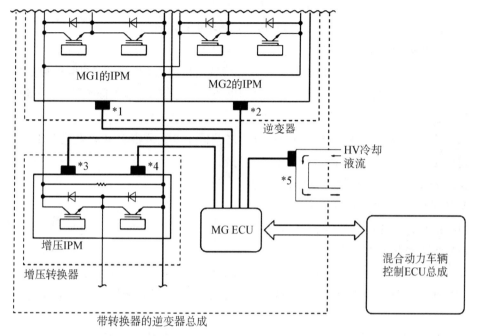

*1—MG1 的 IPM 上的温度传感器,*2—MG2 的 IPM 上的温度传感器,
*3—增压 IPM 上的温度传感器,*4—增压 IPM 上的温度传感器,*5—HV 冷却液温度传感器。

图 3-7　增压转换器的温度监控

任务实施

P1C2D62 驱动电机"A"逆变器传感器信号对比故障检修。

1. 故障原因分析

1)逆变器电压传感器内部故障

主要包括电压传感器 VH 故障、电动机发电机控制 MG ECU 故障、通信线束故障。

2)高压系统故障

主要包括 HV 蓄电池接线盒总成故障、逆变器总成故障、高压线束故障。

2. 故障检修方法

(1)检查 DTC 输出(混合动力控制)。

(2)将 GTS 连接到 DLC3。

(3)将电源开关置于 ON 位置。

(4)进入以下菜单:Powertrain/Hybrid Control/Trouble Code。

(5)检查 DTC 输出。

3. 检查混合动力电池电压、VL 电压、VH 电压数据表

(1)施加驻车制动并用楔块固定车轮。

（2）将 GTS 连接到 DLC3。

（3）将电源开关置于 ON（READY）位置。

（4）进入以下菜单：Powertrain/Hybrid Control/Data List。

检测仪数据显示混合动力电池电压、增压前 VL 电压、增压后 VH 电压。

（5）松开加速踏板，按下 P 位置开关并等待发动机停机，发动机停机时读取数据表。

如果混合动力电池电压与 VH 电压之间电压差低于 5 V 或增压前 VL 电压和增压后 VH 电压之差高于 30 V，更换逆变器总成。

如果增压后 VH 电压和增压前 VL 电压之差低于 5 V 或混合动力电池电压与 VH 电压之间电压差高于 15 V，更换蓄电池电压传感器。

如果未满足以上 2 种情况，进入下一步。

4. 检查定格数据（混合动力控制）

（1）将 GTS 连接到 DLC3。

（2）将电源开关置于 ON 位置。

（3）进入以下菜单：Powertrain/Hybrid Control/Trouble Codes。

（4）读取 DTC P1C2D62 的定格数据，在定格数据中读取项目为动力电池电压和 VL 电压。

如果检测仪显示 VL 电压低于 168 V 或高于 280 V，更换逆变器总成。

如果检测仪显示混合动力电池电压低于 168 V 或高于 280 V，更换蓄电池电压传感器。

如果未满足以上 2 种情况，进入下一步。

5. 检查定格数据（混合动力控制）

（1）将 GTS 连接到 DLC3。

（2）将电源开关置于 ON 位置。

（3）进入以下菜单：Powertrain/Hybrid Control/Trouble Codes。

（4）读取 DTC P1C2D62 的定格数据，在定格数据中读取项目为动力电池电压和电池组 1 至 9 电压。

如果"电池组 1 至 9 电压之和"高于"动力电池电压－40 V"，更换逆变器总成。

如果"电池组 1 至 9 电压之和"低于"动力电池电压＋25 V"，更换蓄电池电压传感器。

6. 修复检验

维修后，清除故障码。然后通过下列程序检查并确认车辆恢复正常。

（1）将 GTS 连接到 DLC3。

（2）将电源开关置于 ON 位置。

（3）打开 GTS。

（4）即使未存储 DTC，也应该清除 DTC。

（5）将电源开关置于 OFF 位置并至少等待 30 秒。

（6）将电源开关置于 ON 位置。

（7）打开 GTS。

（8）执行 DTC 判断行驶模式以运行 DTC 判断。

（9）进入菜单：Powertrain/Hybrid Control/Utility/All Readiness。

（10）输入待确认的 DTC。

（11）检查 DTC 判断结果。

检测仪显示 NORMAL，表示 DTC 判断完成，系统正常。

检测仪显示 ABNORMAL，表示 DTC 判断完成，系统异常。

检测仪显示 INCOMPLETE，表示 DTC 判断未完成，执行行驶模式。

检测仪显示 N/A，表示无法执行 DTC 判断。

任务 3.2　DC‑AC 转换器故障检修

任务描述

　　一辆 2018 款丰田卡罗拉混合动力汽车，行驶里程 25 000 km，因车辆发生浸水，出现主警告灯点亮、混合动力系统停止、车辆仪表多功能显示屏出现混合动力系统故障。维修服务顾问 SA 经过诊断，显示故障码"P31531D 逆变器电流传感器电路电流超出范围"，请按规范进行检修。

任务目标

　　(1) 能根据 DC‑AC 的结构，解释 DC‑AC 控制系统的工作原理。
　　(2) 能查阅维修手册，解释 DC‑AC 控制系统故障码含义，制订 DC‑AC 控制系统故障检修计划。
　　(3) 能通过小组合作，按照维修手册标准，排除 DC‑AC 的控制系统故障。

知识链接

3.2.1　DC‑AC 转换器工作原理

1. DC‑AC 转换器结构

　　DC‑AC 控制系统主要由功率晶体管、电流传感器、MG ECU 组成。电流传感器信号发送给 HV ECU，HV ECU 通过逆变器总成内的 MG ECU 控制 IGBT 开关元件的导通与关断，控制定子绕组的供电频率、电压和电流的大小，为永磁同步电机提供正弦波形的三相交流电。当定子绕组输入三相正弦交流电时，会产生一个旋转磁场，该磁场与转子的永磁体磁场相互作用，使转子产生电磁转矩，驱动发电机 MG1、电动机 MG2 工作。其系统框架结构如图 3‑8 所示。

2. 电动机的驱动控制

　　电动机和发电机的 IPM 各有一个包含 IGBT 的桥接电路，其中电动机的 IPM 采用 6

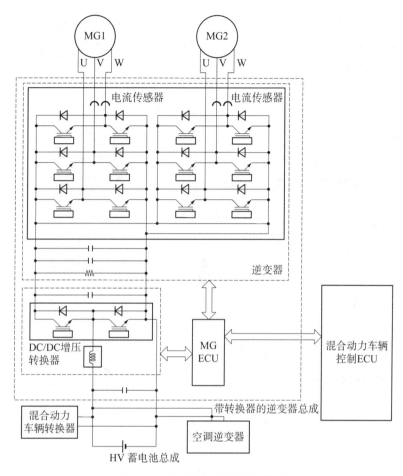

图 3-8　逆变器总成框架结构图

个 IGBT 组成桥接电路,用于控制电动机的运转。IGBT 功率驱动模块如图 3-9 所示。

图 3-9　IGBT 功率驱动模块

为了能将输入的直流电变成交流电,逆变器内的 MG ECU 控制电动机的 6 个 IGBT,它们依次间隔 60°顺序导通或关断,使得 U/V/W 三相之间产生 120°的相位差,从而控制电动机的转速,其工作过程如图 3 - 10 所示。

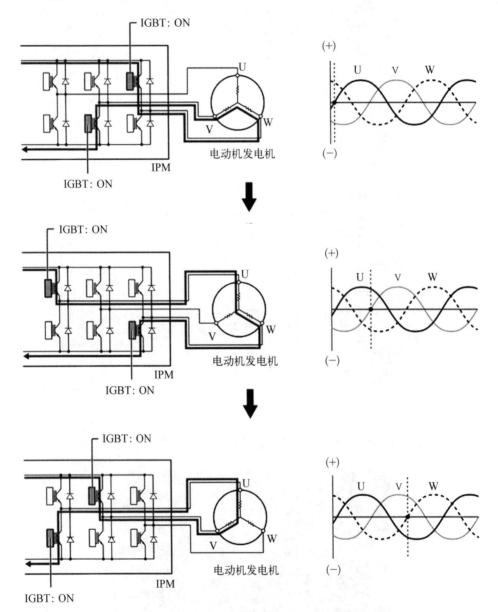

图 3 - 10　电动机控制 IGBT 工作时序图

3. 逆变器能量回收

在制动时,电动机 MG2 起到发电机的作用,其产生的交流电通过逆变器的整流二极管整流,把高压交流电转变为高压直流电,如图 3 - 11 所示。

MG ECU 利用占空比对 IGBT 晶体管的开关频率进行控制,把高压直流电进行降压,对混合动力电池进行充电,实现制动能量回收,如图 3-12 所示。

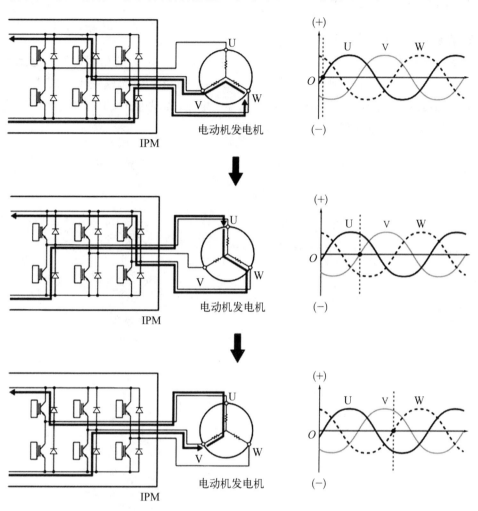

图 3-11　高压交流电转变为高压直流电控制

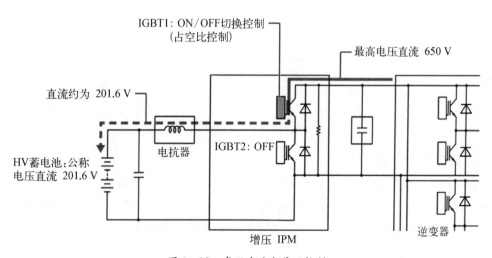

图 3-12　高压直流电降压控制

3.2.2　DC‐AC 转换器工作过程监控

1. 逆变器输出电流监控

逆变器电流传感器检测驱动发电机（MG1）和电动机（MG2）的三相交流的电流大小，如图 3‐13 所示。由于电动机的电磁转矩与开关元件导通的电流成正比，MG ECU 通过对电流传感器进行监控，修正 IGBT 晶体管的导通电流，实现对 IGBT 晶体管的闭环控制。如果电流传感器的值波动较大，将记录故障码。

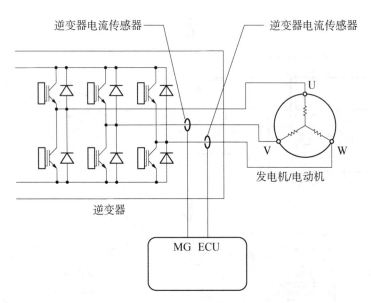

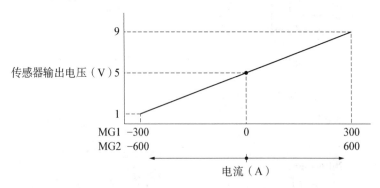

图 3‐13　逆变器电流传感器

2. 逆变器切断控制

电源开关关闭时，混合动力车辆 ECU 切断电机控制；如果逆变器的工作电源电压出现故障、混合动力车辆 ECU 与逆变器总成之间的通信出现故障或电流传感器出现故障，混合动力车辆 ECU 切断电机控制。HSDN 切断信号电路如图 3‐14 所示。

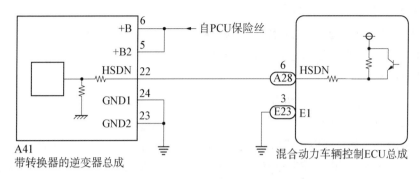

图 3-14 HSDN 切断信号电路

3. 逆变器与混合动力车辆 ECU 的通信

混合动力车辆 ECU 根据车辆状态通过 HMCL、HMCH 与电动机发电机 ECU 通信，其通信电路如图 3-15 所示。

内置于带逆变器总成的 MG ECU，根据来自混合动力车辆 ECU 的指令控制电动机 MG2。MG ECU 监视通信数据并检测故障，混合动力车辆 ECU 监视通信数据并检测故障。

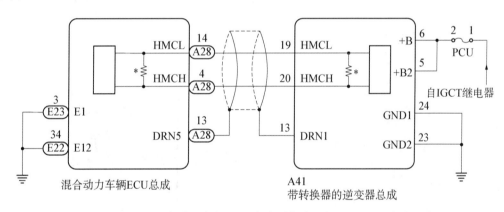

图 3-15 混合动力车辆 ECU 与电动机发电机 ECU 通信电路

任务实施

完成 P31531D 逆变器电流传感器电路电流超出范围故障检修。

1. 故障原因分析

（1）电动机或发电机线圈出现断路或短路的现象。

（2）电动机 MG2 或发电机 MG1 内部故障（铁屑或被异物损坏）。

（3）电动机解析器或发电机解析器出现断路或短路的现象。

（4）逆变器内部故障。

（5）混合动力车辆 ECU 故障。

（6）逆变器控制传感器（电流传感器）故障。

（7）HV 蓄电池高压线路出现断路现象。

2. 故障检修

（1）检查 DTC 输出（混合动力控制）

① 将 GTS 连接到 DLC3。

② 将电源开关置于 ON 位置并等待 2 秒或更长时间。

③ 进入以下菜单：Powertrain/Hybrid Control and Motor Generator/Trouble Codes。

④ 检查 DTC。

（2）检查逆变器总成连接器是否连接牢固、端子是否变形或是否存在水或异物。

（3）检查发电机解析器电路、电动机解析器电路是否良好。

（4）检查发动机、电动机、蓄电池高压电路是否良好。

（5）检查逆变器低压电路。

3. 检查保险丝（PCU）

从发动机 1 号继电器盒总成上拆下 PCU 保险丝，如图 3-16 所示。检查保险丝电阻应小于 1Ω。

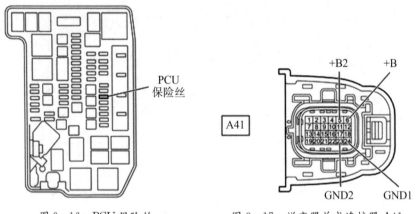

图 3-16　PCU 保险丝　　　　图 3-17　逆变器总成连接器 A41

4. 检查逆变器电源电路

（1）检查并确认维修塞把手未安装。

（2）断开逆变器总成连接器 A41，如图 3-17 所示。按照表 3-1 的值测量电阻。

表 3-1　逆变器总成连接器 A41 标准电阻

检测仪连接	条　件	规定状态
A41-24(GND1)—车身搭铁	电源开关 OFF	小于 1Ω
A41-23(GND2)—车身搭铁	电源开关 OFF	小于 1Ω

（3）连接辅助蓄电池负极端子电缆。

（4）将电源开关置于 ON 位置。

（5）按照表 3 - 2 的值测量电压。

表 3 - 2 逆变器总成连接器 A41 标准电压

检测仪连接	条　件	规定状态
A41 - 6(＋B)—车身搭铁	电源开关 ON	11 - 14 V
A41 - 5(＋B2)—车身搭铁	电源开关 ON	11 - 14 V

提示：在逆变器总成断开的情况下，将电源开关置于 ON 位置，会导致存储其他故障码，进行该检查后应清除故障码。

如果电压异常，维修或更换线束或连接器。

如果电压正常，检查数据通信线路。

5. 检查数据通信线路

（1）检查并确认维修塞把手未安装。

（2）断开逆变器总成连接器 A41，断开混合动力车辆 ECU 连接器 A28，如图 3 - 18 所示。

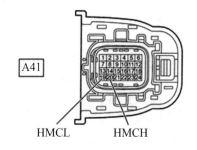

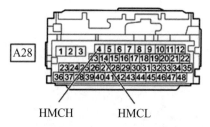

图 3 - 18 混合动力车辆 ECU 连接器 A28

（3）连接辅助蓄电池负极端子电缆。

（4）将电源开关置于 ON 位置。

（5）按照表 3 - 3 的值测量电压。

表 3-3　混合动力车辆 ECU 连接器 A28 标准电压

检测仪连接	条　件	规定状态
A28-14(HMCL)—车身搭铁	电源开关 ON	低于 1 V
A28-4(HMCH)—车身搭铁	电源开关 ON	低于 1 V

（6）将电源开关置于 OFF 位置。

（7）断开辅助蓄电池负极端子电缆。

（8）按照表 3-4 的值测量电阻。

表 3-4　混合动力车辆 ECU 连接器 A28 标准电阻

检测仪连接	条　件	规定状态
A28-14(HMCL)—A41-19(HMCL)	电源开关 OFF	小于 1 Ω
A28-4(HMCH)—A41-20(HMCH)	电源开关 OFF	小于 1 Ω
A28-14(HMCL)—车身搭铁	电源开关 OFF	10KΩ 或更大
A28-4(HMCH)—车身搭铁	电源开关 OFF	10KΩ 或更大

（9）重新连接混合动力车辆 ECU 连接器 A28，逆变器总成连接器 A41。

（10）测量数据通信线 HMCL 与 HMCH 之间的电阻，如图 3-19 所示。

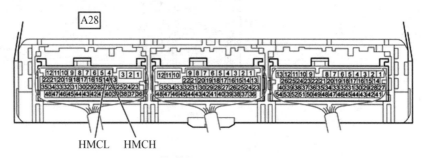

图 3-19　数据通信线 HMCL 与 HMCH 端子

正常电阻为 110～130 Ω，如果电阻正常，则更换逆变器总成。如果电阻异常，则更换混合动力车辆 ECU。

任务 3.3　DC-DC 转换器故障检修

任务描述

　　一辆 2018 款丰田卡罗拉混合动力汽车，行驶里程 25 000 km，因车辆发生浸水，出现充电警告灯点亮，主警告灯点亮，车辆仪表多功能显示屏出现混合动力系统故障。维修服务顾问 SA 经过诊断，显示故障码"P1CCC96 DC-DC 转换器启用零部件内部故障"，请按规范进行检修。

任务目标

　　（1）能根据 DC-DC 的结构，解释 DC-DC 控制系统的工作原理。

　　（2）能查阅维修手册，解释 DC-DC 控制系统故障码含义，制定 DC-DC 控制系统故障检修计划。

　　（3）能通过小组合作，按照维修手册标准，排除 DC-DC 控制系统故障。

知识链接

3.3.1　DC-DC 转换器工作原理

1. DC-DC 转换器作用

　　DC-DC 转换器内置于变频器中，将 DC201.6 V 转变为 DC12 V，为车身电气组件供电，通过 AMD 线和 60A 保险并为辅助蓄电池充电，转换器将辅助蓄电池控制在恒定电压。转换器还测量辅助蓄电池实际输出电压的反馈信号，在备用电池短路时，保护 DC/DC 转换器。其系统框架如图 3-20 所示。

2. DC-DC 转换器工作原理

1）直流转交流控制

　　转换器控制电路控制 IGBT D2、D3 导通，电流从正极 ——→ D2 ——→ 变压器初级线圈 ——→ D3 ——→ 负极，构成回路。

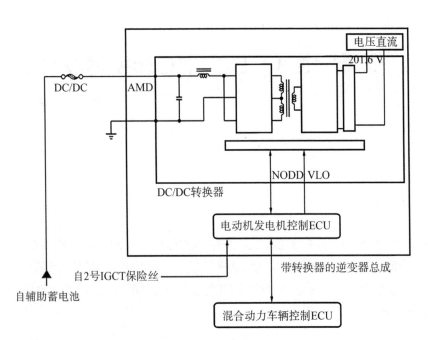

图 3-20　DC-DC 转换器系统框架

转换器控制电路控制 IGBT D1、D4 导通,电流从正极——→D1——→变压器初级线圈——→D4——→负极,构成回路。

通过改变初级线圈电流方向,把直流电转变为交流电,如图 3-21 所示。

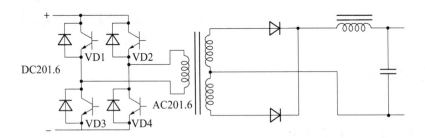

图 3-21　直流转交流控制

2) 降压、整流控制

当转换器控制电路控制 IGBT VD2、VD3 导通时,变压器初级线圈上端为正极,下端为负极。由于次级线圈的匝数小于初级线圈,所以次级线圈输出为降压,此时次级线圈电压上端为正极,下端为负极,经过二极管 D5 整流后输出,如图 3-22 所示。

当转换器控制电路控制 IGBT VD1、VD4 导通时,变压器初级线圈下端为正极,上端为负极。此时次级线圈电压下端为正极,上端为负极,经过二极管 VD6 整流后输出,如图 3-23 所示。

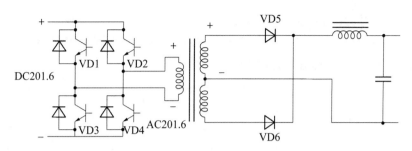

图3-22 降压、整流、滤波控制图1

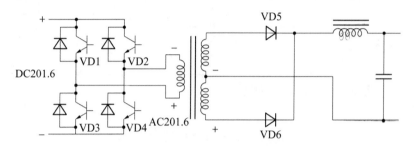

图3-23 降压、整流、滤波控制图2

3）滤波控制

电感的特性是通直流,阻交流;电容的特性是通交流,阻直流。通过电感与电容的相互作用,过滤整流之后的交流成分,从而实现滤波功能。

3.3.2 DC-DC转换器工作过程监控

1. 辅助蓄电池温度检测

辅助蓄电池温度传感器是负温度系数热敏电阻,其电阻随温度的升高而降低。如果蓄电池因为内部短路或因为充电电压过高导致蓄电池温度过高,混合动力车辆ECU根据此信号减小充电电流以保护辅助蓄电池。其电路如图3-24所示。

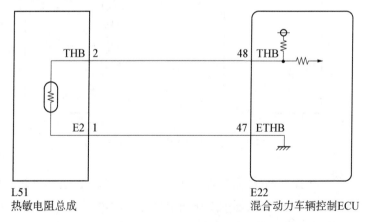

图3-24 辅助蓄电池温度传感器电路

2. VLO 蓄电池充电电压切换信号

DC-DC 转换器根据电动机发电机 ECU 接收的电压变化信号（VLO 信号），改变输出电压，如图 3-25 所示。其信号为脉冲信号，如图 3-26 所示。

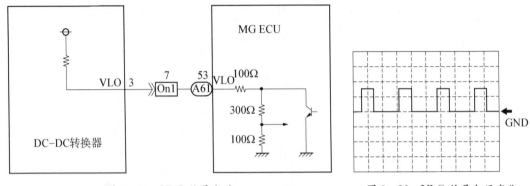

图 3-25　VLO 信号电路　　　　　　　　图 3-26　VLO 信号电压变化

如果车辆行驶时，DC-DC 转换器不工作，则辅助蓄电池的电压降低，将阻止车辆继续运行。

3. NODD 禁止信号

电动机的发电机 ECU 将 NODD 信号发送至 DC-DC 转换器以禁用其控制，并通过 NODD 信号线路接收自 DC-DC 转换器的指示 12 V 充电系统正常或异常（低于 11 V）状态的信号，其电路如图 3-27 所示。

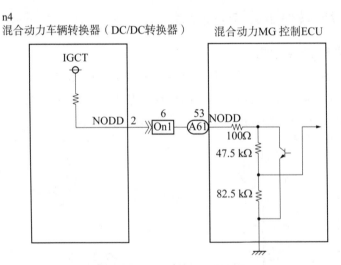

图 3-27　NODD 禁止信号电路

如果 NODD 信号线路有断路现象，将会禁止对 DC-DC 转换器进行控制，因此电动机发电机 ECU 监视 DC-DC 转换器的工作情况并检测故障。

纯电动汽车 DC-DC 转换器的工作需要满足以下条件，如图 3-28 所示。在满足工作条件的情况下,整车控制器发出使能信号,如图 3 - 29 所示。

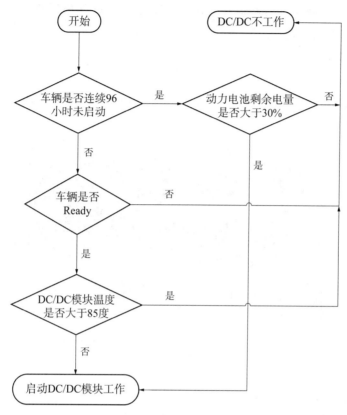

图 3 - 28　DC - DC 转换器工作条件

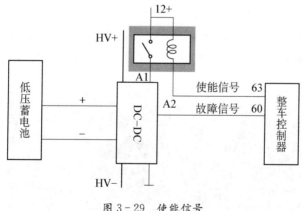

图 3 - 29　使能信号

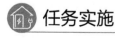

任务实施

P1CCC96 DC - DC 转换器启用零部件内部故障检修。

视频:检修 DC - DC
转换器

1. 故障原因分析

故障原因主要包括 DC‑DC 转换器保险故障、DC‑DC 转换器故障、DC‑DC 转换器线束连接故障等。

2. 故障检修

1) 检查保险丝（DC‑DC）

（1）检查发动机室 1 号继电器盒内的 DC/DC 保险丝是否安装正确，如图 3‑30 所示。正常保险丝安装牢固。

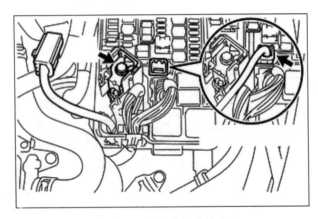

图 3‑30　DC/DC 保险丝位置

（2）从发动机室 1 号继电器盒上拆下 DC/DC 保险丝。

（3）测量保险丝的电阻，正常应小于 1Ω，否则更换保险丝。

2) 检查 AMD 端子连接情况

（1）检查并确认维修塞把手未安装。

（2）检查并确认 AMD 端子螺栓紧固至规定扭矩，AMD 端子连接牢固且无接触故障，如图 3‑31 所示。正常应无电弧痕迹，如果存在电弧痕迹更换连接线束。

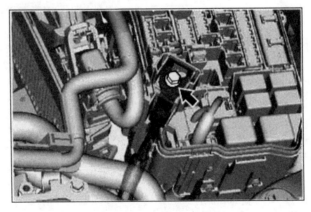

图 3‑31　AMD 端子连接

3) 检查 AMD 端子电压

(1) 连接辅助蓄电池负极端子电缆。

(2) 测量 AMD 端子与车身搭铁的电压,与辅助蓄电池电压相同,如果异常,维修或更换线束或连接器。

4) 检查逆变器线束分总成

(1) 检查并确认维修塞把手未安装。

(2) 从 AMD 端子上拆下逆变器线束分总成,如图 3-32 所示。

(3) 检查 b1-1(AMD)—1I-1(AMD)电阻,正常小于 1 Ω。

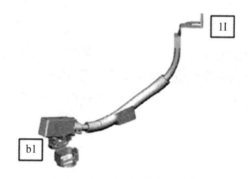

图 3-32　逆变器线束分总成

5) 检查 DC-DC 转换器性能

(1) 检查 DC-DC 输出电流性能。

安装逆变器线束分总成,安装维修塞把手,安装蓄电池负极。电源开关置于 ON(READY)位置、前照灯位置开关和鼓风机电动机开关置于 HI 位置且后窗除雾器打开时,使用钳形电流表测量 DC-DC 转换器输出电流是否符合维修手册标准,否则说明 DC-DC 输出性能不良,应更换逆变器总成。

(2) 检查 DC-DC 输出电压性能。

将电源开关置于 ON(READY)位置、前照灯位置开关和鼓风机电动机开关置于 HI 位置且后窗除雾器打开时,使用万用表电压挡测量辅助蓄电池的电压,正常应为 12.5～15 V,否则说明 DC-DC 输出性能不良,应更换逆变器总成。

任务 3.4 逆变器内部温度异常故障检修

任务描述

一辆 2018 款丰田卡罗拉混合动力汽车,行驶里程 85 000 km,目前出现主警告灯亮起、发动机故障报警灯点亮以及车辆仪表多功能显示屏出现混合动力系统故障的情况。维修服务顾问 SA 经过诊断,显示故障码"P0C7396 电动机电子器件冷却液泵 A 零部件内部故障",请按规范进行检修。

任务目标

(1) 能根据逆变器冷却系统的结构,解释逆变器冷却控制系统的工作原理。

(2) 能查阅维修手册,解释 P0C7396 故障码含义,制定逆变器冷却控制系统故障检修计划。

(3) 能小组合作,执行维修手册标准,排除逆变器冷却控制系统故障。

知识链接

逆变器将来自 HV 蓄电池的增压高压直流转换为 MG2 和 MG1 的交流,在转换过程中,逆变器会产生热量,这些热量在冷却系统不可用时会损坏逆变器。同时,对 MG2 和 MG1 的情况也是如此。逆变器通过电动水泵、冷却风扇和散热器组成的专用冷却系统进行冷却,该冷却系统独立于发动机冷却系统,混合动力车辆 ECU 监视电动水泵、冷却风扇并检测故障。

3.4.1 逆变器冷却系统

1. 逆变器冷却系统组成

带有转换器的逆变器总成采用独立于发动机的冷却系统对带转换器的逆变器总成、MG1 和 MG2 进行冷却。其系统主要由逆变器水泵总成、散热器总成、逆变器储液罐总成构成,如图 3-33 所示。

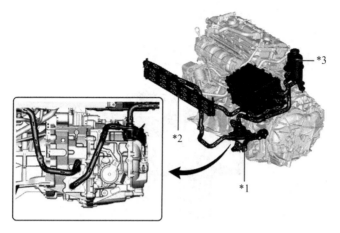

＊1—逆变器水泵总成　＊2—散热器总成　＊3—逆变器储液罐总成

图 3-33　逆变器冷却系统组成

冷却液采用丰田原厂超级长效冷却液,容量为 2.1 L,颜色为粉红色。首次更换里程为 240 000 km,之后每隔 80 000 km 更换一次。

2. 逆变器冷却系统检查

1) 检查逆变器冷却液是否泄漏

(1) 从逆变器储液罐总成上拆下储液罐盖。

注意:为避免烫伤的危险,冷却液很烫时不要拆下储液罐盖。

(2) 将散热器盖检测仪安装到逆变器储液罐总成上,如图 3-34 所示。

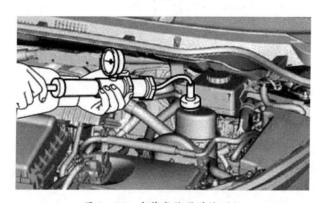

图 3-34　安装散热器盖检测仪

(3) 泵吸散热器盖检测仪至 122 KPa,然后检查并确认压力未下降。如果压力出现下降,则检查软管、散热器总成、逆变器水泵总成、混合动力车辆驱动桥总成和带转换器的逆变器总成是否存在泄漏的情况。

2) 检查逆变器储液罐内的冷却液液位

逆变器冷却液正常应位于 L 和 F 刻度线之间,如图 3-35 所示。如果液位过低,可能会影响冷却系统的正常运行,导致逆变器等部件过热,进而引发故障。

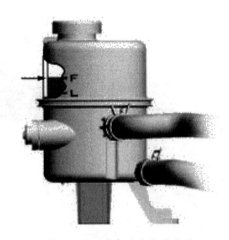

图 3-35　冷却液液位的位置

3）检查储液罐盖

（1）检查并确认储液罐盖的 O 形密封圈没有发生变形、破裂或损坏等现象，如图 3-36 所示。

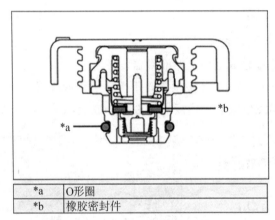

*a	O形圈
*b	橡胶密封件

图 3-36　储液罐盖密封圈

（2）将储液罐盖安装到散热器盖检测仪上，多次泵吸散热器盖检测仪，如图 3-37 所示。然后检查最大压力，其压力标准值为 94～122 kPa，其中最小标准值为 94 kPa。

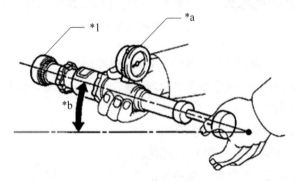

图 3-37　泵吸散热器盖检测仪

3.4.2　逆变器温度检测

1. 逆变器温度传感器

带转换器的逆变器总成配备了5个温度传感器,其中2个位于发电机(MG1)和电动机(MG2)的IPM处,还有2个位于增压转换器处,最后1个位于HV冷却液通道处,如图3-38所示。这些传感器能够检测逆变器总成内部区域的温度,并通过MG ECU将温度信息传输至混合动力车辆ECU总成。必要时,电动机发电机控制ECU(MG ECU)会限制逆变器的输出,防止其过热。

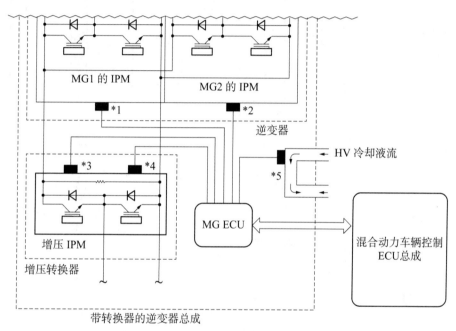

*1—MG1的IPM上的温度传感器;*2—MG2的IPM上的温度传感器;
*3—增压IPM上的温度传感器;*4—增压IPM上的温度传感器;*5—HV冷却液温度传感器。

图3-38　逆变器温度监控

2. 使用GTS读取逆变器温度数据

(1)将GTS连接到DLC3。

(2)将电源开关置于ON位置,并在发动机停止后等待1分钟。

(3)进入以下菜单:Powertrain/Hybrid Control/Data List/Boosting Converter Temperature、Inverter Coolant Water Temperature、Generator Inverter Temperature、Motor Inverter Temperature。

提示:Generator Inverter Temperature(发电机逆变器温度)、Motor Inverter Temperature(电动机逆变器温度)、Boosting Converter Temperature(增压转换器温度)的标准值:最低是 −40℃,最高是215℃。

(4)如果温度异常,更换逆变器总成。

3. 逆变器冷却液水泵电路检查

逆变器水泵电动机采用大功率无刷电动机,电动机由混合动力车辆 ECU 总成的占空比信号进行 3 级控制,其电路如图 3-39 所示。

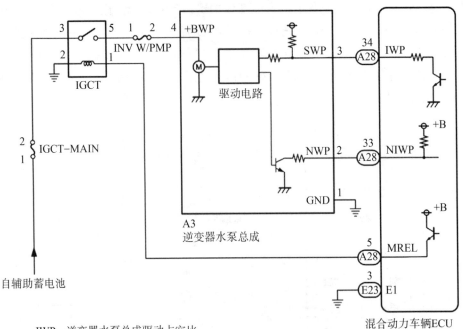

IWP：逆变器水泵总成驱动占空比

图 3-39　逆变器水泵电路

任务实施

检修 P0C7396 电动机电子器件冷却液泵零部件内部故障。

1. 故障原因分析

故障原因主要包括逆变器冷却系统、带马达和支架的水泵总成、带转换器的逆变器总成、线束断路或短路故障。

视频：检修逆变器温度异常故障

2. 故障检修

1）使用 GTS 对逆变器水泵进行主动测试

（1）将 GTS 连接到 DLC3。

（2）将电源开关置于 ON 位置。

（3）进入以下菜单：Powertrain/Hybrid Control/Active Test/Activate the Inverter Water Pump。

（4）正常检测仪显示逆变器水泵转速为 3 000～9 300 rpm。

如果异常,检查逆变器水泵电路、逆变器水泵总成。注意：如果辅助蓄电池电压低时,逆变器水泵总成可能不工作。

2）逆变器水泵总成电源检查

（1）断开逆变器水泵总成连接器 A3，如图 3-40 所示。

（2）打开点火开关，检测 A3-4（＋BWP）端子电压，正常电压为 11～14 V。

（3）如果电压不正常，检查逆变器水泵保险丝，如图 3-41 所示。

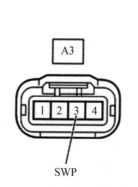

图 3-40　逆变器水泵总成连接器

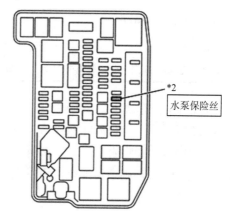

图 3-41　逆变器水泵保险丝

3）逆变器水泵总成检查

（1）连接逆变器水泵总成连接器 A3，如图 3-40 所示。

（2）打开点火开关，检测 A3-3（SWP）端子电压，正常电压为 11～14 V，否则更换逆变器水泵总成。

4）检查混合动力车辆 ECU 与逆变器水泵总成线束和连接器

（1）断开混合动力车辆 ECU 连接器 A28，如图 3-42 所示。

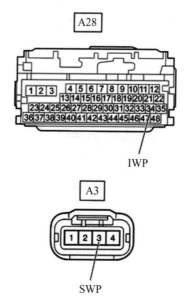

图 3-42　逆变器水泵总成与混合动力车辆 ECU 连接器

（2）断开逆变器水泵总成连接器 A3,如图 3 - 42 所示。

（3）根据表 3 - 5 的值测量 SWP 线路是否存在断路或短路现象。

表 3 - 5　IWP 线路标准电阻

检测仪连接（断路检查）	条　件	规定状态
A28 - 34（IWP）—A3 - 3（SWP）	电源开关 OFF	小于 1 Ω
检测仪连接（短路检查）	条件	规定状态
A28 - 34（IWP）或 A3 - 3（SWP）—车身搭铁	电源开关 OFF	10 kΩ 或更大

5）检查混合动力车辆 ECU

（1）连接混合动力车辆 ECU 连接器 A28,连接逆变器水泵总成连接器 A3。

（2）打开点火开关,检测混合动力车辆 ECU 连接器 A28 - 34（IWP）端子的波形,正常波形如图 3 - 43 所示,否则更换混合动力车辆 ECU。

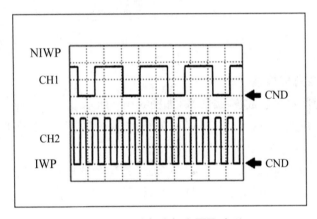

图 3 - 43　逆变器水泵 IWP 波形

任务 3.5　混合动力汽车绝缘不良故障检修

任务描述

一辆 2018 款丰田卡罗拉混合动力汽车,行驶里程 25 000 km,因发生被追尾事故,主警告灯点亮,仪表显示屏显示绝缘性能故障。维修服务顾问 SA 经过诊断,显示故障码"P0AA649 混合动力/EV 蓄电池系统绝缘电阻减小故障",请按规范进行检修。

任务目标

(1) 能根据混合动力高压线路的结构解释其工作原理。

(2) 能解释高压线路绝缘性能的监控原理,正确使用兆欧表检测高压线路绝缘性。

(3) 能查阅维修手册,制订高压电路绝缘性检修计划。

(4) 能通过小组合作,参考维修手册标准,排除高压线路绝缘故障。

知识链接

3.5.1　高压电路连接

1. 高压电路分布

卡罗拉混合动力车辆高压电路分为空调系统区域、蓄电池区域、混合动力车辆传动桥总成区域、高压直流区域,如图 3 - 44 所示。

2. HV 蓄电池高压电输入

丰田卡罗拉 HV 蓄电池位于行李箱,提供 201.6 V 高压电,高压电缆正负极分别连接至蓄电池接线盒上的 t2(＋)端子和 A(－)端子,如图 3 - 45 所示。

3. HV 蓄电池高压电输出

当蓄电池系统 SMRB 继电器工作,t2(＋)端子与 W2(CBI)相通;当蓄电池系统 SMRG 继电器工作,A(－)端子与 W3(CEI)相通。如图 3 - 46 所示。蓄电池高压电通过蓄电池接线盒的 W2/W3 连接器向外供电,如图 3 - 46 所示。HV 地板底部线束一端连接 W2/W3 连接器,另一端连接逆变器总成上 HV 地板底部线束连接器 W1,如图 3 - 47 所示。

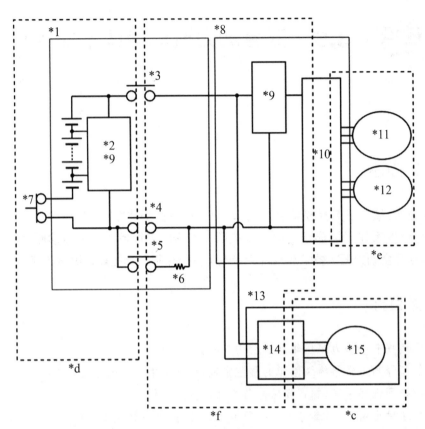

*1—HV 蓄电池；*2—蓄电池电压传感器；*3—SMRB；*4—SMRG；*5—SMRP；*6—系统
主电阻器；*7—维修塞把手；*8—带转换器的逆变器总成；*9—增压转换器；*10—带转换器
的逆变器；*11—发电机 MG1；*12—电动机 MG2；*13—压缩机总成；*14—空调逆变器；
*15—空调电动机；*c—DTC P1C7C49 空调系统区域；*d—DTC P1C7D49 蓄电池区域；
*e—DTC P1C7E49 混合动力车辆传动桥总成区域；*f—DTC P1C7F49 高压直流区域；*g—
绝缘监视电路(配备绝缘故障检测电路)

图 3-44　卡罗拉混合动力高压电路分布

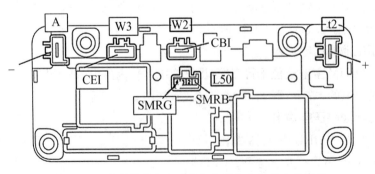

图 3-45　卡罗拉蓄电池正负极与蓄电池接线盒的连接

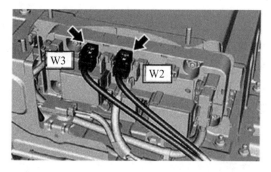

图 3-46　HV 地板底部线束 W2/W3 连接器

图 3-47　HV 地板底部线束 W1 连接器

4. 带转换器的逆变器总成高压电路

带转换器的逆变器总成接收蓄电池 201.6 V 高压电,经过增压器增压及 DC-AC 转换,向 MG1/MG2 输出 650 V 交流高压电,同时向空调压缩机提供 201.6 V 直流高压电,如图 3-48 所示。

1—空调压缩机高压线束;2—蓄电池高压线束;3—MG1/MG2 高压线束。

图 3-48　带转换器的逆变器总成高压线路连接

5. 空调压缩机高压线束

空调电动机与空调逆变器为一体,空调逆变器把 201.6 V 直流高压电转换为 201.6 V 交流高压电驱动空调电动机工作,如图 3-49 所示。

图 3-49　电动变频压缩机总成

3.5.2　高压线路漏电监测

1. 漏电流传感器检测

漏电流传感器,如图 3-50 所示。高压直流回路的正负线路穿过漏电流传感器,当电路绝缘情况正常时,流过传感器的电流大小相等,方向相反,传感器输出信号为零;当支路有接地时,漏电流传感器有差流流过,传感器的输出不为零。当高压电路运行时,ECU 实时检测漏电流传感器输出的信号,就可以判断高压直流电路是否漏电。

图 3-50　漏电流传感器

2. 丰田卡罗拉交流源漏电检测

1)漏电检测的作用

用于对高压直流动力电源母线与其外壳、车身底盘之间的绝缘阻抗检测,通常检测与动力电池输出相连接的负极母线与车身底盘之间的绝缘电阻,来判断动力电池包的漏电程度。当动力电池包漏电时,传感器发出一个信号给电池管理控制器,电池管理控制器接到漏电信号后,进行相关保护操作并报警,防止动力电池包的高压电外泄。

2)漏电检测方法

泄漏检测电路内置于蓄电池智能单元(蓄电池电压传感器),泄漏检测电路持续监视高压电路和车身搭铁之间的绝缘电阻保持不变。泄漏检测电路有一个交流源,它会使少量的交流流入高压电路(正极和负极),绝缘电阻越小,检测电阻器的电压就越低且交流波也越低。根据交流波的波幅,检测绝缘电阻值。混合动力车辆 ECU 总成根据来自蓄电池智能单元的信息,确定绝缘电阻的减小,如图 3-51 所示。

3. 兆欧表

数字式兆欧表有 3 个插孔,分别是 L、E、G 插孔,外观如图 3-52 所示。

1)电池检查及更换

仪表在接通电源工作时,显示屏若显示欠压符号,表示电池电量不足,应更换新电池。

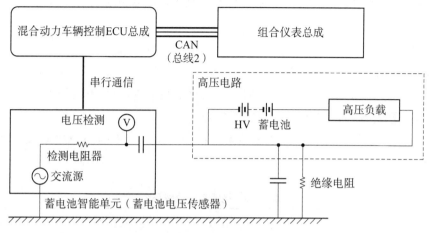

图3-51　丰田卡罗拉交流源漏电检测

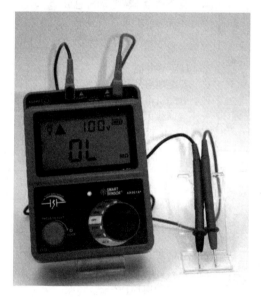

图3-52　数字式兆欧表

2）测试

将仪表E端连接测试品的接地端，L端连接测试品的线路端。将选择开关置于所需的额定电压位，显示屏首位显示"1"，表示工作电源接通。按一下高压开关按钮，高压指示灯点亮，显示屏上显示的数值就是被测试品的绝缘电阻值。当试品的绝缘电阻值超过仪表量程的上限值时，显示屏首位显示"1"。

注：测量时，由于试品有吸收、极化过程，绝缘值读数逐渐向大数值漂移或有一些上下跳动，系正常现象。

3）G端（保护环）的使用

测量高绝缘电阻值时，应在试品两测量端之间的表面上套一导体保护环，并将该导体保护环用一测试线连接到仪表的 G 端,以消除试品表面泄漏电流引起的测量误差,保障测试准确。

4) 关机

读数完毕,先按高压开关关断高压,高压指示灯熄灭,再将旋钮拧至 OFF,关闭电源。对电容性试品还应将试品上的剩余电荷放完,再拆下测试线,以免电击伤人。

4. 卡罗拉混合动力汽车绝缘系统常见故障

混合动力车辆 ECU 监视蓄电池传感器并检测高压系统中的绝缘故障,记录故障码,如表 3‑6 所示。

表 3‑6　绝缘系统故障码

DTC 编号	检测项目	故障部位	MIL 报警灯	主警告灯
P0AA649	混合动力/EV 蓄电池电压系统绝缘电阻减小	(1) 混合动力车辆驱动桥总成 (2) 带转换器的逆变器总成 (3) HV 蓄电池接线盒总成 (4) 空调系统 (5) HV 蓄电池 (6) 蓄电池电压传感器 (7) 电动机电缆 (8) 空调线束 (9) HV 地板底部线束 (10) 混合动力蓄电池端子盒	不亮	点亮
P1C7C49	空调逆变器的绝缘电阻减小	空调系统	不亮	点亮
P1C7D49	蓄电池电压传感器或 SMR 继电器的绝缘电阻减小	(1) HV 蓄电池接线盒总成 (2) HV 蓄电池 (3) 蓄电池电压传感器 (4) 混合动力蓄电池端子盒	不亮	点亮
P1C7E49	传动桥部位绝缘电阻减小	(1) 电动机电缆 (2) 混合动力车辆驱动桥总成 (3) 带转换器的逆变器总成	不亮	点亮
P1C7F49	直流部位绝缘电阻减小	(1) 空调线束 (2) HV 地板底部线束 (3) 混合动力蓄电池端子 (4) 空调系统 (5) 带转换器的逆变器总成	不亮	点亮

任务实施

完成卡罗拉混合动力汽车绝缘系统故障检修。

1. 故障原因分析

主要包括混合动力车辆传动桥总成 MG1/MG2 绝缘性故障、空调压缩机及线束绝缘性故障、逆变器总成绝缘性故障等。

视频:检修新能源汽车绝缘不良故障

2. 故障检修

提示:使用兆欧表测量绝缘电阻,将兆欧表设定为 500 V。

1) 检查 DTC 输出

(1) 将 GTS 连接到 DLC3。

(2) 将电源开关置于 ON(IG)位置。

(3) 进入以下菜单:Powertrain/Hybrid Control/Trouble Code。

(4) 检查 DTC。

2) 检查混合动力车辆传动桥总成 MG1/MG2 绝缘性

(1) 带上绝缘手套,检查并确认维修塞把手未安装。

提示:注意拆下维修塞把手后,不要将电源开关置于 ON(READY)位置,因为这样可能会导致故障。

(2) 从带转换器的逆变器总成上断开电动机电缆,如图 3-53 所示。

提示:确保无异物、冷却液或水进入逆变器总成,确认逆变器冷却液量未增加。

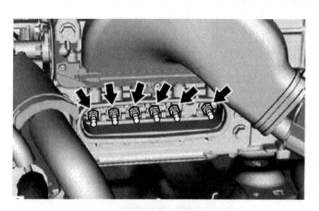

图 3-53 电动机电缆

(3) 连接辅助蓄电池负极端子电缆。

提示:由于电动机 MG2 转动时绝缘电阻可能改变,因此转动前轮时进行此检查。

(4) 将电源开关置于 ON(IG)位置。

提示:在维修塞把手拆下的情况下,将电源开关置于 ON(IG)位置,会导致存储 DTC,进行检查后清除 DTC。

（5）移动换挡杆至 N 并举升车辆。

（6）在相同的方向转动前轮 2 圈的同时，使用设定为 500 V 的兆欧表，测量 MG2/MG1 电动机端子，如图 3-54、图 3-55 所示。

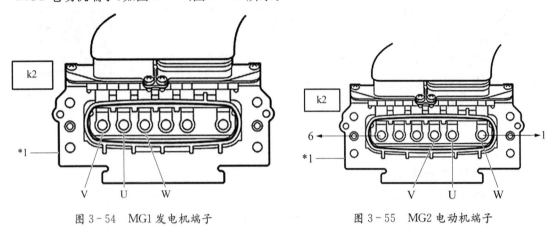

图 3-54　MG1 发电机端子　　　　　　　　　图 3-55　MG2 电动机端子

（7）根据表 3-7 中的值测量电阻。

提示：因为手转动前轮时，电动机 MG2 会产生电流。进行此测试时，确保将兆欧表设定为 500 V，使用设定高于 500 V 的兆欧表检测会导致正在检测的零部件损坏。

表 3-7　MG2/MG1 绝缘标准电阻

检测仪连接	条　件	规定状态
K2-5(U)-车身搭铁和屏蔽搭铁	电源开关 ON(IG)	100 MΩ 或更大
K2-6(V)-车身搭铁和屏蔽搭铁	电源开关 ON(IG)	100 MΩ 或更大
K2-4(W)-车身搭铁和屏蔽搭铁	电源开关 ON(IG)	100 MΩ 或更大
K2-2(U)-车身搭铁和屏蔽搭铁	电源开关 ON(IG)	100 MΩ 或更大
K2-3(V)-车身搭铁和屏蔽搭铁	电源开关 ON(IG)	100 MΩ 或更大
K2-1(W)-车身搭铁和屏蔽搭铁	电源开关 ON(IG)	100 MΩ 或更大

3）检查空调线束绝缘性

从逆变器总成上断开空调线束连接器 S2，如图 3-56 所示。

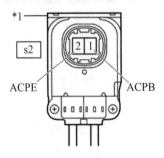

图 3-56　空调线束连接器

使用设定为 500 V 的兆欧表，根据表 3-8 中的值测量电阻。

表 3-8　空调线束绝缘标准电阻

检测仪连接	条　件	规定状态
S2-1(ACPB)-车身搭铁和屏蔽搭铁	电源开关 OFF	3 MΩ 或更大
S2-2(ACPE)-车身搭铁和屏蔽搭铁	电源开关 OFF	3 MΩ 或更大

4）检查逆变器总成绝缘性

从逆变器总成上断开 HV 地板底部线束连接器 W1，如图 3-57 所示。

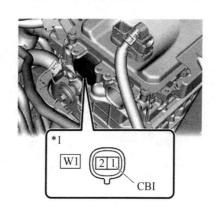

图 3-57　逆变器线束连接器 W1

使用设定为 500 V 的兆欧表，根据表 3-9 中的值测量逆变器绝缘电阻。

表 3-9　逆变器绝缘标准电阻

检测仪连接	条　件	规定状态
W1-1(CBI)-车身搭铁和屏蔽搭铁	电源开关 OFF	1 MΩ 或更大
W1-2(CEI)-车身搭铁和屏蔽搭铁	电源开关 OFF	1 MΩ 或更大

5）检查 HV 地板底部线束绝缘性

使用设定为 500 V 的兆欧表，根据表 3-10 中的值测量 HV 地板底部线束绝缘电阻，如图 3-58 所示。

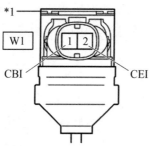

图 3-58　HV 地板底部线束

表 3-10　地板底部线束绝缘标准电阻

检测仪连接	条　件	规定状态
W1-1(CBI)-车身搭铁和屏蔽搭铁	电源开关 OFF	1 MΩ 或更大
W1-2(CEI)-车身搭铁和屏蔽搭铁	电源开关 OFF	1 MΩ 或更大

6）检查 HV 蓄电池接线盒总成绝缘性

从 HV 蓄电池接线盒总成上断开 HV 蓄电池的高压电缆连接器 t2 和 A,如图 3-59 所示。使用设定为 500 V 的兆欧表,根据表 3-11 中的值测量 HV 蓄电池接线盒总成绝缘电阻。

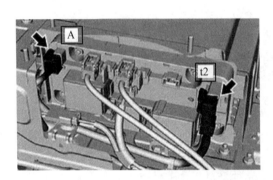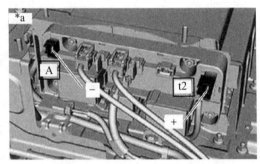

图 3-59　6HV 蓄电池的高压电缆连接器

表 3-11　HV 蓄电池接线盒总成绝缘标准电阻

检测仪连接	条　件	规定状态
t2-1(＋)-车身搭铁	电源开关 OFF	10 MΩ 或更大
A-1(－)-车身搭铁	电源开关 OFF	10 MΩ 或更大

📍 项目测评

1. 带转换器的逆变器总成内部主要由_____转换器、_____转换器、_____转换器和_____ECU 组成。

2. _____转换器把 HV 蓄电池的电压从 201.6 V 升高到 650 V。

3. _____转换器 DC650 V 转变为 AC650 V。

4. _____转换器 DC201.6 V 转变为 DC12 V。

5. IGBT 为_____晶体管,由_____和_____组成。

6. MG ECU 使用电压传感器_____检测增压前的低压,使用电压传感器_____检测增压后的高压,使用_____检测增压转换器的温度。

7. MG ECU 通过_____信号向 DC-DC 转换器发出电压切换信号。

8. MG ECU 通过_____信号向 DC－DC 转换器发出禁止信号。

9. MG ECU 通过_____、_____与混合动力车辆 ECU 进行通信。

10. MG ECU 通过_____传感器对 MG1/MG2 的工作电流进行监控。

11. 混合动力车辆 ECU 通过_____信号向逆变器总成发出切断电机控制。

12. 带转换器的逆变器总成内部有_____温度传感器、_____温度传感器、_____温度传感器、_____温度传感器。

13. 检查高压电路的绝缘性使用_____表。

14. 卡罗拉混合动力汽车高压电路分为_____区域、_____区域、_____区域、_____区域。

15. 使用数字式兆欧表时，_____连接测试品的接地端；_____连接测试品的线路端。

常见汽车整车电路图

卡罗拉混合动力汽车数据流

参考文献

[1] 何泽刚. 纯电动汽车常见故障诊断与排除[M]. 北京:机械工业出版社,2018.

[2] 邹政耀,王若平. 新能源汽车技术基础[M]. 北京:清华大学出版社,2020.

[3] 徐艳民. 电动汽车动力电池及电源管理[M]. 北京:机械工业出版社,2022.

[4] 汤天浩,谢卫. 电机与拖动基础[M]. 北京:机械工业出版社,2017.

[5] 龙志军,王远明. 新能源汽车驱动电机技术[M]. 北京:机械工业出版社,2022.

[6] 李仕生,张科. 新能源汽车驱动电机及控制系统检修[M]. 北京:机械工业出版社,2022.

[7] 李兆平,游志平,刘云飞. 电动汽车动力电池及能量管理[M]. 北京:电子科技大学出版社,2022.

[8] 张珠让,贾小亮. 新能源汽车充电系统原理与检修[M]. 天津:天津科学技术出版社,2020.